JN165566

YATSUR

たった1年で園がハッピーになる!

奇跡の「ほめ育」改革

白相奈津子

Ho-Me-I-Ku

はじめに――感動の涙で包まれた「卒園を祝う会」

東京の空が青く晴れ渡った、２０１７（平成29）年3月8日。この日、わが谷里（やつり）保育園の「卒園を祝う会」が行われました。卒園式とは別に行う、送りだす側の園児たちも同席する会です。

お母さんお父さん、職員、年中・年少組のお友達でいっぱいのホールに、卒園する29人の園児たちが入場してきます。手を振って元気に歩く子、ちょっぴり緊張気味の子、誇らしげな子……。大きな拍手を背中に受けながら、3月末をもってこの園から巣立つみんなが舞台に上がります。

職員・在園児からのお祝いの言葉、卒園児のお礼の言葉を終え、式も後半。プログラムは「おうちの人へのメッセージ」に移りました。一人ずつ保護者席の前に用意された台に立ち、自分の名前とお母さんお父さんへのメッセージを発表します。これは、この年から「祝う会」

に加えた初めてのプログラムでした。この日のために、子どもたちはお母さんお父さんにどんな気持ちを伝えたいか、それをどう言葉にしたらいいかを一生懸命考えてきたのです。

「お母さんが産んでくれたおかげで、おいしいごはんが食べられたり、元気に遊べたりしました。これからも元気に大きくなっていきます」

「お母さんへ。毎日お仕事で疲れているのに、お迎えに来てくれてありがとう。お母さんが来てくれたから、元気に過ごせたよ。大好きだよ」

最後まで大きな声ではっきり言える子ばかりではありません。中には、胸がいっぱいになって泣き出してしまう子、声に出す前から目に涙をためている子もいます。わが子のメッセージにお礼の言葉を返すお母さんお父さんもまた、涙、涙です。

「こちらこそ、パパとママの子どもに生まれてきてくれてありがとう」

「いつも寂しい思いばかりさせてごめんね。頑張っている○○ちゃんが大好きです」

「小学校に上がっても、その笑顔を大事にしてね」

発表する子の姿も立派ですが、何より素晴らしいのはそのお友達を応援する姿です。涙がこみ上げてうまくしゃべれないでいると、子どもたちの中から自然に「頑張れー」「頑張れー」の声が湧き上がり、ホールは涙と応援の大合唱に包まれたのでした。

「祝う会」の様子を見ながら、私もまた胸がいっぱいになっていました。それと同時に、卒園児たちの1年前の姿を思い出していました。この子たちは、決して初めから素直に感謝の言葉を口にしたり、お互いを思いやれたりする素晴らしい年長さんだったわけではありません。それどころか、手のつけようのない〝問題児〟たち。そんな年長組だったのです。

全部で29人の年長・ぞう組。どの年にもやんちゃな子、マイペースな子はそれなりにいるものですが、この学年は、周りが見えず自分中心の子が格別に多いクラスでした。

下駄箱で靴を取るとき、腕がちょっとぶつかった程度のことがトラブルになり、かみつき合う。そこらじゅうで叩き合う。トイレの中で遊ぶ。かと思えば、チャイムが鳴ったのに延々と足の爪をいじりながら廊下で座り込んでいる子もいる。担任がやっとの思いで子どもたちを保育室に集めても、静かに話を聞くなんて論外。「ねえ、もっと後ろに行って！」「○○ちゃんが前に来すぎなの！」と、言い合いばかり。
お絵かきや工作だってひと苦労で、物を取り合う、譲らない。担任に注意されると、「だって○○くんが取っちゃったんだもん！」とすぐ人のせいにする。自分ができないことは棚に上げて、他の子のできていないことばかり指摘する。自分は悪くないことばかり主張して、お友達や担任の話を聞いたり、認めたりすることができない。

その子たちがわずか1年で魔法のように変わってしまうなんて、担任たちも保護者のかたがたも一人として想像していなかったと思います。そしてその〝魔法〟こそ、この本でご紹介する「ほめ育」なのです。
「ほめ育」はビジネス業界で取り入れられてきた「人をほめて育てる」人材育成法です。谷里保育園は保育・教育界で初めて「ほめ育」を導入し、1年間の実践を経て2017年4月、一般財団法人ほめ育財団より「ほめ育認定園第1号」として認められました。

園の保育方針に取り入れるからには、職員たち自身が「ほめ育」のことを理解しなければ

ほめ育認定園

認 定 証

谷里保育園　　　**様**

貴園は、一般財団法人 ほめ育財団の実施する
研修及び講習を修了し、ほめ育認定園として
合格したことをここに証明します。

第 00001 号

2017 年　4 月　14 日

一般財団法人　ほめ育財団

代表理事　原 邦雄

〝第00001号〟の文字がまぶしい「ほめ育認定園認定証」

なりません。まずは職員たちがお互いをほめ合い、認め合うことから始めたのですが、職員室の空気ががらっと変わっていくことを感じました。保育者が変われば子どもも変わる。そして子どもが変われば保護者も変わり、園全体が変わっていくことを目の当たりにした1年間でした。

この本では、私が園長としてどのようにほめ育を導入していったか、職員たちや子どもたちがどう変わったかをご紹介していきます。ほめ育に出合ってちょうど2年がたった今、ほめ言葉は自分の人生も相手の人生も変えていくこと、人をほめることは人生そのものだと身に染みて思います。

「えぇー、ほめることが人生そのものだなんて、そんな大げさな」と思われたかたも、もう少しだけお付き合いいただけたらと思います。なぜなら正直なところ、私も最初はそう思っていたのですから。もちろん、良いことばかりではなく、職員たちから反発を受けたことも、私自身がうまくほめ育を進められず、悩んだこともたくさんあります。本書では、そんな悩みや葛藤(かっとう)も包み隠さず打ち明けることで、これからほめ育を導入する園や園長、保育者の皆さんすべての力になれればと思います。それが、「ほめ育認定園第1号」園の園長の使命だと確信するからです。

谷里保育園の改革ストーリーは、決して本園にだけしか起こらない〝奇跡〟のお話ではありません。これからそのことを詳しくお話ししていきましょう。

目次

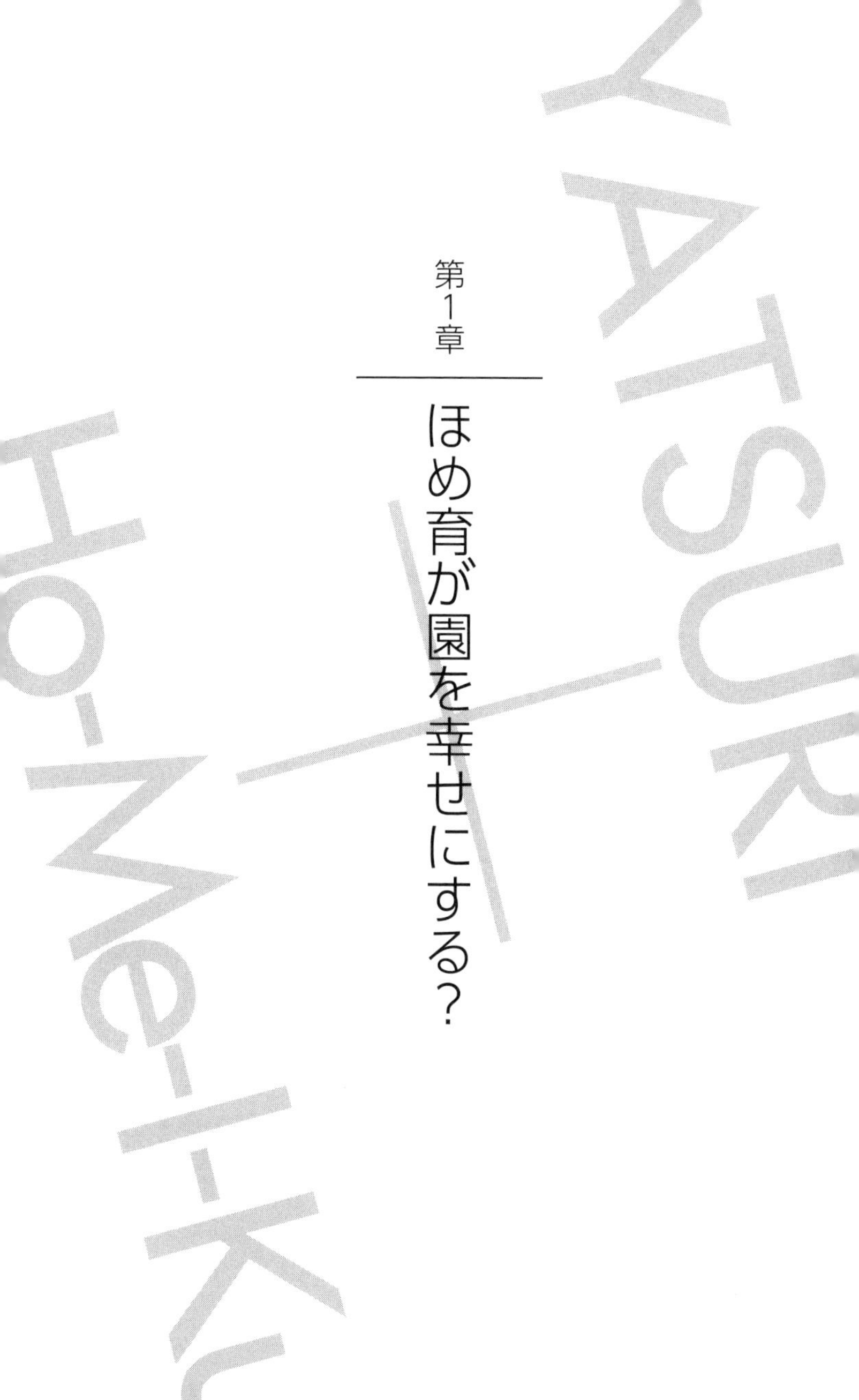

第1章

ほめ育が園を幸せにする？

始まりは1通のメッセージだった

私が初めて「ほめ育」を知ったのは、社会福祉法人立野みどり福祉会・谷里(やつり)保育園の園長になって11年目の、2015(平成27)年12月末。携帯電話に届いた1通のメッセージがきっかけでした。

「ほめ育財団の原邦雄さんが、保育・教育界にも『ほめ育』を導入したいと考えているようです。お試しで3回の研修を受けられるのですが、白相(しらそう)先生の園でやってみませんか?」

メッセージの送り手は、幼児活動研究会/日本経営教育研究所の八田哲夫さん。原邦雄さんは一般財団法人ほめ育財団の代表理事で、「ほめ育」の提唱者です。「ほめ育」とは、ビジネス業界で注目されている「人をほめて育てる」人材育成法。これまで世界15カ国・200社近い企業が「ほめ育」を導入して軒並み業績がアップしているというのですが、保育・教育界にはまだ導入実績がありませんでした。しかも、無料で3回の研修を受けられるとのこと。原さんから相談を持ち掛けられた八田さんは、園の保育・体育・経営指導先として数年来のお付き合いがある私に声を掛けてくれたのです。

八田さんのメッセージは、「白相先生、『ほめ育』のモニター園になってみませんか？　普段の保育にもつなげられる教育法だと私は思ってますよ。保育園・幼稚園で初めての試みだなんて、ちょっとワクワクしませんか」という言葉で締め括られていました。

ほめ育？　何それ？　でも何だかいいネーミング。しかも研修が3回も無料で受けられるだなんて、こんなチャンス滅多に無いわ——。そう思った私は「いいですね。やりますやります」とすぐその場で返信しました。すべての始まりはこのとき。思い返してみれば、あっけないくらいの第一歩だったのです。

でも、実は心の中ではいろいろなことを考えていました。

「ほめ育……ってことは、子どもたちを『ほめて育てる』ということよね。それって当たり前のことだけれど、『ほめなきゃいけない』みたいな感じになってしまうのは、ちょっと嫌だなあ」

「いきなり『ほめなさい』なんて言って、先生たちが混乱しないかな。負担になってしまわないだろうか」

私がこんな心配をしていたのには理由がありました。このわずか1年半ほど前の2014年4月から、谷里保育園では幼児活動研究会/日本経営教育研究所のYYプロジェクトを導入していたのです。YYの特徴は、読み書き・計算・音楽・体操などを通じて、自ら行動できるようになるための自立心を育てていくこと。「むやみやたらにほめない」「ほめ言葉の掛け過ぎは子どもの可能性をつぶしてしまう」というのがYYの考え方です。

今の私なら、ほめ育はすべての教育方法と折り合っていけること、すべての教育方法とほめ育とが縦糸・横糸のように絡み合うことで、子どもたちの力がぐんと引き出されるということを自信を持って語れるのですが、このときはまだ「自立心を育てるYY」と「ほめて育てるほめ育」をまったく正反対の存在だと思っていました。

YYもまだ園にしっかり根付いていないのに、また新しいことを始められるだろうか?

しかも、まるで正反対のことを?

3回の研修には私だけでなく、園の職員の主力メンバーたちも参加してほしいと、ほめ育財団から指示されています。まずは、同期で谷里保育園に入職して以来、ずっと一緒に働いてきた主任に「ほめ育」の話を打ち明けたのですが、はなから猛反対を受けました。

「ようやくYYが少しずつ定着し始めて、担任の先生たちも手応えを感じ始めているところなんですよ。そこにまた新しいことを始めるって、どういうことですか。私も先生たちも混乱してしまいますよ。『ほめ育』というネーミングに興味を惹かれるのは理解できますが、私は主任として、先生たちにいったいどう説明すればいいんですか」

それでも私には前言撤回する気持ちはありませんでした。

「でももう『やります』って言ってしまったのよ。それに今まで以上に、子どもたちと良いコミュニケーションが取れるようになる気がしない？」

主任にこう言葉を返しながらも、もちろん不安はありました。しかしそれ以上に「八田先生の勧めてくれるほめ育ってどんなことだろう？」とワクワクする気持ち、それに加えて園長として11年目を迎え、谷里保育園をより良くすることにならなら何にでも飛びつきたいという気持ちのほうが強かったのです。

そして、さっそく年明けに1回目の研修を受けることになったのでした。

ほめられた相手もほめた自分も涙した、研修第1回

年が明けて、2016年1月5日。「ほめ育」1回目の研修日です。参加メンバーは主任やリーダー7人と私の計8人。ほめ育財団のかたが谷里保育園までいらしてくれることになっていました。私は期待でニコニコ。ほかの7人は、まだ100%ウェルカムでほめ育の話を受け入れられないものの、「どんな教育法なんだろう?」「どんなかたがいらっしゃるのかな?」とソワソワ。そうこうしているうちに財団のかたが乗った車が到着し、8人そろって園の会議室でお迎えしました。

「初めまして、ほめ育財団の原です。よろしくお願いします」

来てくださったのは代表理事ご本人でした。あいさつをしてくれた原さんは、やわらかな笑顔がすてきな、ラグビー部の青年がそのまま大人になったような男性。ビジネスマンを相

手に講義をしていると聞いて、もっと押しの強い人物像を頭に描いていた私は「あっ、このかたなら優しく教えてくれそう」と、ちょっぴりほっとしたことを覚えています。

しかし原さんは一度講義に入ると、優しくも真剣な眼差しで、しゃべる、しゃべる。

「人はほめられるために生まれてきた存在です」

「ただ叱るだけでは人は成長しません。ほめることで人は存在を認められ、育ちます」

「そのためにはまず、自分を赦(ゆる)しましょう。自分に優しくできれば、他の人の存在も認められます」

正直この1回目の講義では、私は走り書きのメモを取るのが精いっぱい。そのときのノートを見返すと、原さんが語る「ほめ育とは何か?」を、私はこんなふうにノートに箇条書きにしていました。

■ほめ育とは教育である
■ほめられる＝記憶にとどまる
■謙虚と遠慮は違う
■まずはリーダーが変わるべき

■できない理由を言うより、できる方法を考える。時間が掛かってもやり遂げる
■ダメなときはダメと言うことが大切。叱りきることがほめ育
■人や物、環境のせいにするのはプロではない
■熱の通り方が食材によって違うように、納得する・コツを呑み込むまでに時間の掛かる人もいる
■そこに愛情はありますか？　なかなか成果が上がってこない人の指導こそ「自分マネジメント」になる

このとき私は、ほめることの奥深さに初めて触れた思いがしました。「ほめることは大切」とはよく言われることですが、「ほめて育てる」とはどういうことか、なぜほめることが大切なのか、そのためにはどんな心構えが必要か、ということまで落とし込んで理解してはいなかったのです。それだけ、今までの自分の感覚や心の持ちようは、この研修で習ったような「ほめて育てる」こととかけ離れていたのですね。実際、保育士になったときから先輩たちに叱られて育ってきましたし、今振り返ると私自身も後輩の保育士たちを叱ることが多

かったと思います。

「ではまずここにいるメンバー同士、グループになって〝感謝シート〟（25ページ参照）を書き合ってみましょう」

そう言って原さんは、私たちにシートを配りました。用紙のいちばん上にメッセージを送る相手と送り主の名前を書く欄があり、相手への感謝の気持ちを書き込めるようになっています。

この〝感謝シート〟が衝撃的でした。一人ずつ、みんなの前で自分が書いた内容を読み上げるのですが、このときに周りの職員からもらったメッセージは今でも忘れることができません。

「園長先生、いつも職員全員のことを考えてくれて、感謝しています」

「私たち一人ひとりのことに気付いてくれて、ありがとうございます」

相手への感謝の思いだけではなく、「すごい・まねしたいと思うこと、相手から教えてもらいたいこと」を書く欄もあります。こんなメッセージがありました。

「話し方が聞き取りやすく、保護者対応をするときの言葉も豊富。いつもすごいと思っています」

「どうやって頭の中で話したいことを整理しているのか、心掛けていることがあったら教えてほしいです」

本当に、こんなことを書いてもらって申し訳ないと思うほど。こんなにすてきなメッセージを人からもらったのは人生で初めてでした。

さらにほめ育のパワーを感じたのは、感謝のメッセージを送って喜んでくれる相手以上に、自分自身の胸があったかくなるという点です。本気で相手の良いところに目を向け、じっくりと〝感謝シート〟を書き込んでいると、「ああ、自分はこの先生のことをこんなに大切に思っていたんだ」と、相手への思いが心の奥からぶわっと溢れ出してくるようです。みんなの前

絆を深める感謝シート

28年1月5日

白相奈津子園長先生 へ　米山純子 より

1 感謝できること、助けてもらっていること

※状況をイメージ出来るよう、具体的に50文字以上で記入して下さい

いつも私の気づかない所を先回りして知らせて下さり、新しい視点を教えて頂いてありがとうございます。これからもたくさん教えて下さい。

2 凄い！真似したい！教えて欲しいこと

※状況をイメージ出来るよう、具体的に50文字以上で記入して下さい

新しい取り組み、考え方をキャッチする力!! 引き寄せる力!! すごいと思います。今、園に必要な取り組みをつかむ方法、マネしたいです。

情報共有の場

※職場をより良くするためのアイデアや情報等があれば記入して下さい

これからも細かい所までの気づきを
私もぬすんでいけるように頑張ります!!

職員から初めてもらって感動した〝感謝シート〟

で発表する場面では、読まれているほうよりも書き手のほうが「○○先生へ」と声に出した瞬間、うっと涙ぐんでしまうほど。その日は、ほめ育の導入にまだ半信半疑だった主任も含め、８人全員があったかい空気、優しい雰囲気に包まれたまま、第１回の研修を終えたのでした。

職員全員で〝感謝シート〟を書き合った日

第１回の研修で、出された宿題は二つ。一つ目は、全員に出された「保育士としてのミッション（使命）や志（ミッションを実現するための具体的な行動）、ビジョン（行動の方向性）を明らかにすること」。二つ目は、園長の私にだけ出された「ほめ育のことを職員に話し、全員でほめ育の考え方を共有すること」でした。

研修を受けた８人は、「人にほめられるってうれしい！」「人をほめるってすてき！」と、職員室に戻ってきてからもテンションが上がりきった状態。「人をほめる」というたったこれだけのことなのですが、まさに未知の感覚に出合った心持ちだったのです。心の奥底から大切なことに触れた感覚、とでも言えば良いでしょうか。一方、残りの職員たちは、妙に心が開かれている私たち8人を見て、「いったい何なの？」「どういうこと？」という目を向けていました。

当時の谷里保育園の職員は全部で50人。原さんの講義を直接受けていない残りの42人に、私が感じたほめ育の奥深さをどう伝えるか。私たちと同じように、心の底から「ほめるって大切なことなんだ」と思ってもらうにはどうすれば良いか——。これが、園長としての私が最初に乗り越えなければならない課題でした。そこで、ほめ育の研修を受けてから10日ほどたった1月中旬の職員会議の日、あの〝感謝シート〟を職員全員で書き合ってみることにしたのです。

いつも職員会議は、園児たちがお昼寝をしている昼下がりに行います。私は全員の前であらためて、ほめ育とは何なのかということ、今、主任たちと研修を受けていること、今年4月の新年度からは子どもたちへの保育にもほめ育を盛り込んでいきたいことを、あるがままに話しました。そして、「今あなたが感謝を伝えたい相手に向けて、このシートを書いてください。この場にいる人だったら、誰に向けて書いてもいいですよ」と、〝感謝シート〟を配りました。

オルゴールの曲が流れる静かな室内に、職員たちがペンを走らせる音が響きます。私たち8人が受けた研修と同じように、書いた内容はその場で相手に向けて、声に出して読み上げることにしました。「○○さんへ」と、自分の名前を呼ばれてびっくりしつつもうれしそうな職員。相手へのメッセージを読みながら涙ぐんでしまう職員。一つひとつのメッセージが読み上げられるたびに、みんなが温かい拍手を送ります。8人が研修で体験したのと同じ状況が出現したのです。

このときの感想を、職員たちは次のように残しています。

「ほめられる、認められることで、こんなにあったかい気持ちになれるんですね」

「相手をほめたときの気持ち良さを実感できました」

一方で、こんな不安を語っていた職員もいます。

「本当にほめるだけでいいのか？と疑問を感じます」

「これから何をどうすればいいのか、先のことが見えません」

このとき、一部の職員たちが感じた不安はその後に積もり積もって大きな壁となり、やがてほめ育の本格導入のうえで大きな試練の一つとして立ちはだかってくるのですが、この時点では、何はともあれひとまず原さんからの宿題の一つはクリアしたのでした。

しかし、もう一つの「保育士としてのミッション（使命）や志（ミッションを実現するための具体的な行動）、ビジョン（行動の方向性）を明らかにする」という宿題はなかなか難航していました。

もちろん谷里保育園も、園としての「保育目標」を掲げています。「心と心のふれあいの保育・感謝・思いやり」「心身ともに健康で、心豊かな子」「挨拶と明るい笑顔」というものですが、これらの目標を「ミッション」「志」「ビジョン」にどう当てはめていけばいいのか分かりません。これまで感覚で理解してきたことや、自分の頭の中にあるぼやっとしたイメージを、いざ違う枠組みで捉え直して言葉にしようとするとこんなに難しいだなんて、まったく思ってもみませんでした。

すがる思いでほめ育の生みの親・原さんの著書を読み、自分なりに学んでみたものの、いざ書き出そうと思うと手が止まってしまいます。たった紙切れ1枚なのに、1時間考えても2時間考えても中身が埋まりません。そうこうしているうちに、研修第2回の日がやってきました。

初めて園の「ミッション」を考えた、研修第2回

1回目の研修から1カ月半後の、2月23日。1回目と同じメンバー8人で受けたこの日の研修は、グループワークから始まりました。二人組で考えてきた「保育士としてのミッション、志、ビジョン」を発表し合い、「谷里保育園のミッション」を考えていきます。そう、私が悩みまくったあの宿題です。

確か私は、「ミッションは、日常生活の中にプラスの〝気〟を増やす習慣をつけること。志は、価値のある保育ができるチームを目指すこと。ビジョンは、自分が輝き、相手にも輝きを与えられるようになること」などと、第1回の研修で聞きかじった内容を交えながら、やっとの思いで発表したのだったと思います。すると、原さんから矢継ぎ早に質問が飛んで

きます。「その志を決定づけた出来事は何ですか？」「あなたを突き動かす動機は？」「保育士として、誰かをほめるときの基準を、白相先生はどこに置いていますか？」「何より、白相先生が保育士になろうと考えた理由（ルーツ）や、自分はこういう保育士であるという自己認識（アイデンティティ）がしっかり頭に浮かんでいますか？」「そのことと、谷里保育園のルーツやアイデンティティが合致していますか？」。

えっ？　えっ？　そんなこと聞かれても……どうしよう。黙り込んでしまった私に、原さんはこう言いました。

「まずは園長先生が、谷里保育園として目指すミッションや志、ビジョンを示すことが大事ですよ。ほめ育の基本は、〝基準を明確にする〟こと。ミッション（使命）があるから、そのための具体的な行動、つまり志が生まれる。志があるから、どんな方向性で頑張ればいいかというビジョン（行動の方向性）が生まれる。そこで初めて一つひとつの行動について、素晴らしいとほめることもできるし、みんなで目指しているミッションからちょっと外れてしまうよねと注意できる基準が生まれるんです。基準が無いと、ほめることはできませんよ」

「また、個人と園のルーツやアイデンティティを合致させるということは、園を運営する園長の立場ならクリアしやすいのですが、勤務する職員一人ひとりもそうなっていれば、勤務者の定着率は今以上に上がります。企業にも同じことが言えますが、これは『ほめ育』の根っことなる非常に重要な部分です」（左ページ参照）

このとき初めて、私はほめ育が、ただ相手をほめるだけのものではないことに気付かされました。同時に、「なんでうちの園に白羽の矢が立ったの？」という、実はずっとずっと心の奥底にあった疑問も解けました。原さんと私をつないでくれた八田さんは、全国2000園以上の園長を知っています。数ある園の中でなぜうちなのかが気になってはいたものの、「私が頼りない園長だからだな」「何かやらせたほうがいいと考えてくれたんだろうな」と自分なりに理解していたのです。

でも、それは違いました。八田さんはきっと、今の谷里保育園に足りないところをほめ育が埋めてくれるはず、そして園が掲げる「子どもたちが成人した後も心の柱となる保育をする」という方針に、ほめ育が必ず役立ってくれるはず、と園の発展と未来を真剣に考えてくれていたのでしょう。そんなことにも思い至らず、何となく楽しそうだし、何といっても無

谷里型ほめ育の構造

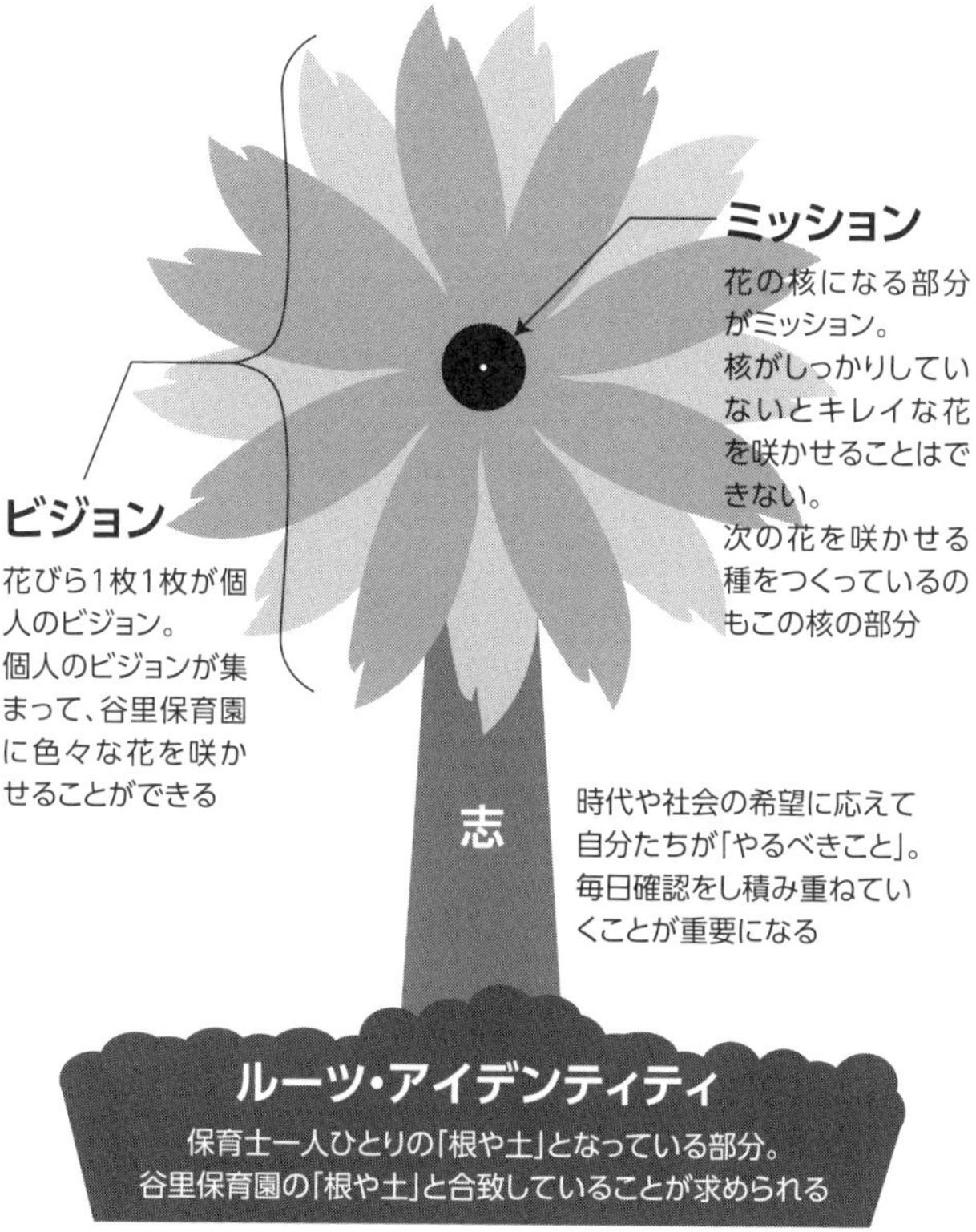

ミッション

花の核になる部分がミッション。
核がしっかりしていないとキレイな花を咲かせることはできない。
次の花を咲かせる種をつくっているのもこの核の部分

ビジョン

花びら1枚1枚が個人のビジョン。
個人のビジョンが集まって、谷里保育園に色々な花を咲かせることができる

志

時代や社会の希望に応えて自分たちが「やるべきこと」。
毎日確認をし積み重ねていくことが重要になる

ルーツ・アイデンティティ

保育士一人ひとりの「根や土」となっている部分。
谷里保育園の「根や土」と合致していることが求められる

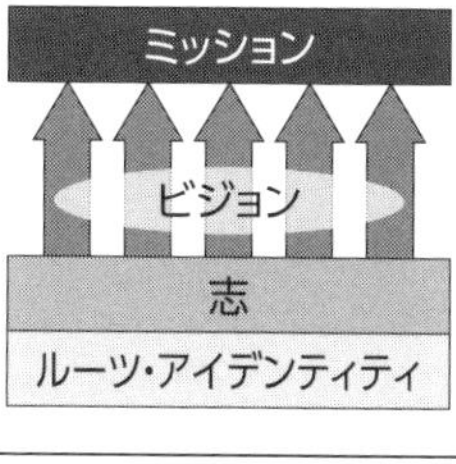

ミッション
ビジョン
志
ルーツ・アイデンティティ

ほめ育の基礎

個人の「ルーツやアイデンティティ」をベースにして、「ミッション（使命）」に向かっていくために、「志（行動）」を確認しながら、一つひとつの「ビジョン（行動の方向性）」を完成させていく、というのがほめ育の基礎となる。

料で研修を受けられるしと、深く考えもしないで「はい、やってみます！」なんて言ってしまった私は何なのだろう。なんだか自分がとても恥ずかしくなりました。

この日は、８人で話し合った内容を元に、園のミッション（使命）を考えました。真ん中に大きくミッションを書き、その周りに志、つまりミッションを実現するための具体的な行動を書き込んでいきます。

「園全体にプラスの空気をつくる」

これが、私たちが初めて考えた谷里保育園のミッションでした。

職員室の〝空気〟を変えたい！

保育士は、子どもたちにいつも「元気な声で歌いましょう」「気持ちのいいあいさつをしましょう」と言います。

でも、「元気」ってどういうことなんだろう。「気持ちいい」ってどんな空気？

そのお手本となるのが保育士の役目です。保育士が身をもって「元気」「気持ちがいい」「明るい」「楽しい」という空気を表現すれば、百の言葉を尽くすよりもはるかに多くのことを子どもたちに伝えられます。しかし残念ながら、当時の職員室は、いつもプラスの空気で溢れているとは言い難いものでした。

誤解のないよう断っておきますと、別に職員同士の仲が険悪だったり、職員の態度がものすごく悪かったりしたわけではありません。ほめ育を始める前から、みんな素直で、よくついてきてくれる職員だったと思っています。

良い関係が築けているときはとても良いのですが、しかし何かひとたび問題が起こると、たちまちどんよりと濁った空気が職員室中に立ち込め、連鎖を起こしてしまうのです。意見を出し合おうとしても、手を挙げるのはいつも決まった職員ばかり。他の職員はどう思っているのか、目線やうなずきだけでもいいから反応が欲しくても、とにかく自分が指されないよう下を向いている。そして、そんな空気を変えようと誰かが声を挙げることはない。

仕方なく私や主任が「この問題について、お母さんがたから何か指摘はなかったの？」と聞いても、しーん……。その後、あれこれ問い詰めるようにして聞き出すうちにやっと全容が見えてくるのですが、そのころには私も「だから初めっからそれを聞いているでしょう。なんでちゃんと報告してくれないの？」と、すっかり不機嫌モードになってしまっています。

こんな調子ですから、ほめ育を始める前の職員会議は憂鬱（ゆううつ）でしたし、終わった後はどっと疲れが押し寄せていました。問題を良くするためにエネルギーを使うというよりは、会議を回していくこと自体にエネルギーを使っていたためです。私自身がそうだったのですから、職員たちも同じか、それ以上だったことでしょう。「ああ、保育室に戻ったら何だかほっとしたわ」という感じだったと思います。

今から考えると、職員の気持ちとしては「園長が初めに言うことは、決まって『マイナスの言葉』よね」だったのですよね。本当に申し訳ないことでした。職員は職員で、精いっぱい頑張ってくれた。自分の力でこなそうとしてくれた。「お茶わんを割ってしまうのは、お茶わんを洗ってくれている人だからこそだ」という例えがありますが、問題が起きてしまったのは、そこまでその職員が自分の力で何かを成し遂げようとしていてくれたからこそ。それならば、最初に言う言葉は「ありがとう」であるべきだったのです。

どんな状況でも、園長である私が職員の頑張りをまず受け入れて、「この仕事、よくここまで進めてくれたね。ありがとう」と言ってから、「でも、今回のこれはもっと早く報告してくれたら良かったね。そうすれば私や主任もこんなアドバイスができたと思うよ」と言えば、職員が受ける印象は180度違っていたことでしょう。

ほめ育を通じて相手の存在や頑張りを認めることを学んだ今、このように考えることができるようになってきたのですが、最初はなかなかうまくいきませんでした。何より私自身、もともと職員たちへの言葉の掛け方が下手くそだったのです。

A先生と私の「提出物バトル」

例として、私とA先生とのバトルを恥を忍んで白状しましょう。A先生はいつも提出物が遅れがちです。私が「提出物の期限、夕方5時までだけど大丈夫?」と聞きます。「あ、大丈夫です」と返ってきます。

普段からきっちりしている職員なら何も言いません。でも、このわずか数日前に同じようなやりとりがありました。A先生からの提出物がなかなか出されず、「どうなってるの？」と聞いたら「まだ出来ていないので、あと1日ください」と言われ、「あなた、それは自分から言ってくるべきことでしょう」と叱ったばかりでした。しかも、園の保育士の提出物の量は膨大です。私が言っている「提出物」と、A先生が思っている「提出物」は違うものかもしれないのです。

そこで私もつい念を押したくなります。

「ずいぶん簡単に言うけど、何の提出物だか分かってる？」

すると相手はもうプリプリしています。

「ああ、○○のことなんじゃないですかっ!?（分かってますよ、もう！）」

「分かってるならいいんだけど、あなた、ここ何回か遅れているでしょう。だけど自分からは私に何も言ってこない。そういうことがあるから聞いたのよ」

「分かりました。じゃあ、やります」

「じゃあ、じゃなくてあなたがやることでしょ！　じゃあ、っていうのはどういう意味？

嫌々やるみたいな感じに聞こえるよ！」

確かに私の言っていることは、間違ってはいません。ただ、聞き方が下手くそです。A先生がどう感じるかをまるで考えずに口走って、「あ、まずい。この言い方だと相手に分かってもらえないな」と気付いてからも、まだそれでも何とか分かってもらおうと自分のやり方を押し通しているのですよね。だから意地の応酬になってしまったのです。

このときはさすがに心配になって、別の職員に内線電話をかけ、「今こんなことがあって、A先生が職員室を怒って出て行っちゃったの。ちょっと様子を見てあげて」と、こっそり頼みました。後で聞いたらA先生はやはり、「園長先生、なんであんな言い方するんですかね。あんな冷たい言い方しなくてもいいのに」と言っていたそうです。

ミッション遂行のための志①…「すみません」から「ありがとう」へ

何かひとたび問題が起こるとどんよりしたり、ぎくしゃくしたり、場合によっては相手とのコミュニケーション自体が成り立たなくなってしまう。こんな状況が背景にあり、私たち研修参加組の８人は、谷里保育園として最初のミッションを「園全体にプラスの空気をつくる」に決めたのでした。

あとはミッションを遂行するための「志」です。原さんいわく、「『ミッション』は、ちょっと背伸びしないと届かないくらいのことを掲げる。『志』は、明日から職員全員で実行できることにするといい」とのことでした。

そこで私たちが最初に決めた「志」は、「すみません」を「ありがとう」に言い換える、ということでした。

私は以前から、「すみません」という言葉が嫌でした。

例えば、あなたが後輩や部下に何か注意をしたとします。相手はちょっと落ち込んでしまった様子。あなたも「明日まで今日のことを引きずっていないといいな」と心配です。でもその人が翌日、「〇〇さん、昨日はありがとうございました」と言ってきてくれたら、こちらの気分まで明るくなりませんか。ああ、ちゃんと自分の中で消化してくれたんだな。こちらの言ったことをちゃんと受け止めてくれたんだ、と、ほっとできるでしょう。

対して「○○さん、昨日はすみませんでした」と言われたらどうでしょうか。もちろん、自分から言い出してくれたこと自体は素晴らしい。なかなかできることではありません。けれども、引きずらせるような言い方をしてしまったかなぁという心配は続くし、何となく自分も注意をしたときの気まずい心境に引き戻されてしまうような気がしませんか。

このように、「すみません」は相手との間に薄い壁をつくってしまう言葉だと思うので、嫌だったのです。

それから、「すみません」はオンパレードになりやすい言葉です。

「すみません、来週の行事のことなんですが……」

「昨日はアドバイスをいただいて、その、すみません」

「すみません、ちょっと人手が足りなくて、来てもらえませんか？」

こうなってしまうと「すみません」のインフレ状態！　これらはそれぞれ、

「今ちょっとお時間いいですか？」

「アドバイスありがとうございました」

「お願いしたいことがあるのですが」

というのが本来相手に伝えたい言葉のはず。教え合う、助け合うことは仕事をする上で当然のことですから、いちいち「すみません」と言っていたら、切りがありません。

「『すみません』を『ありがとう』に言い換えていこう。使っていいのは、本当に謝らなければいけないときだけにしよう」

実は、このことはほめ育を導入する前から私が言っていたことなのですが、残念なことになかなか浸透せず、直りませんでした。

でも職員も、ほめ育を通じて職員室の空気が少しずつ変わっていく様子を見て、一人ひとりの行動が目標を実現していくことや、自分が発する言葉の力というものを感じ取っていたのでしょう。「すみません」のオンパレードは自然に無くなり、明るい「ありがとう」へと変わっていきました。

後に職員に「ほめ育を導入してから、自分の気持ちの持ちようが変わったと思う瞬間」を聞いてみたところ、この「『すみません』を『ありがとう』に換えたとき」という回答が最も多く挙がりました。言われた側は、「うれしいな、もっと相手と話したいな」「次も教えてあげよう、困っていたら助けてあげよう」という気持ちになる。言った側も、自分の気持ちがポジティブになる。「今までの自分と違う、新しい小さな窓が相手に向かって開かれた気持ちになりました」というコメントもありました。

ミッション遂行のための志②…あいさつは目を見て笑顔で元気に

もう一つ決めた「志」は、相手の目を見て・笑顔で・元気にあいさつすること。何だか園児向けのように思えますが、私たち職員の「志」です。

特に私が気になっていたのは、職員室の出入り。誰に言うともなく「おはようございまーす」とぼそっとつぶやくだけだったり、「お先に失礼しまーす」の言葉とともに扉がガチャンと閉まり、あれ、今出て行ったのはいったい誰?という場面が少なくありませんでした。あいさつが流れ作業になっていて、要は「言うことになっているから言っている」という感じですね。そこで、ある日の職員会議で「なぜ、あいさつをするのか」の理由をみんなで考えてみることにしたのです。

「今日一日一緒に仕事をする仲間だから」

「困ったことがあったらフォローし合える関係でいたい。何かあったらお互いよろしくお願いしますという気持ちを込めるものがあいさつだから」

「落ち込むことがあっても、次の日元気に『おはようございます』と言うことで自分の気持ちも切り替えられるから」

「職員室全体が明るくなるから」

みんないろいろな意見を出してくれました。この、3月下旬あたりから、職員会議の雰囲気も以前のように重苦しいものではなく、みんなが積極的に意見を言える場に変わってきたような気がします。職員会議の場に、園のビジョンを話し合ったり、お互いに感謝の気持ちを伝え合ったりする時間を設けるようにした成果かもしれません。

また、一日の始まりと終わりのあいさつだけでなく、「はい」という返事もきちんと相手に伝わるように返そうね、ということもその場で話しました。

例えば「今日はこのお便りを配ってほしいので、クラスごとに取りに来てください。ここに置いておきますね」と誰かが言っても、反応が無いことが多かったのです。数人は返事をしてくれるけれど、それ以外の職員は黙って目線をそちらに向けるだけ。でも、決してみんな悪気があるわけではない。それはやっぱり職員室全体に、「はい！」と元気よく返事をすると何となく浮いてしまうような空気や、「自分が言わなくても誰かが言ってくれるならいや」という空気があったからでしょう。

「仕事をつないだ（受け取った）よ、大丈夫だよ」「任せておいて」という意思表示を大事にしていこう。その場にいる人全員が返事をすることは、次の仕事への準備を確実にし、ミスを減らすことにもつながります。こちらも併せて徹底していくことにしました。

シートを書くと自分の観察力不足に気付く

職員会議では、志やビジョンを話し合うだけでなく、〝感謝シート〟の送り合いも変わらず続けていました。２回目の研修を受けてからは、〝感謝シート〟に加えて〝ほめシート〟（47ページ参照）というものも職員全員で書くようにしました。〝感謝シート〟は、相手に感謝していることと尊敬していることをそれぞれ80文字以内で書くシート。〝ほめシート〟は相手の頑張っていること、今後どんなふうに成長していってほしいかを、やはりそれぞれ80文字以内で書くシートです。

ところがこの80文字というのがくせ者で、ひと言で済ますわけにはいきません。「行事のリーダーとして頑張っていましたね」では、3行も余ってしまいます。その職員がどんな頑張り方をしていたのか、その頑張りによって自分や他の職員はどんなことを助けてもらったのか、1カ月前と比べてその職員はどんな成長をしたのか、相手のことをしっかり観察していないと埋まらないのです。

80文字がすんなり書けるかどうかは、書く相手によって差が出ます。1週間のうち、ほとんど言葉を交わす機会がなかったり、仕事の会話はするけれど雑談はほとんどしなかったりという相手ではまず埋まりません。

そんな相手に対して「じゃあ私は普段、○○先生に対してどんな態度を取っているのかしら？」と思い浮かべてみると、相手の本質を知ろうとしていなかったことにも気付かされるのでした。

29年 6月27日

久我先生へ　白相 より

ありがとう　具体的にイメージが伝わるように、50文字以上

前に言われた事や前向きな姿勢が大事という事から…久我先生がこの所とても明るくコミュニケーションをとっている姿を沢山目にしてとても嬉しくて私もあたたかい気持ちになっています。

成長したなぁ・すごいなぁ・好感が持てる　この中から一つ　50文字以上

笑顔がすごく可愛いし、困っている子を助けようとしてくれている所がすごく良いです。
先生が困ってる事もまわりに早目に発信してみんなでカバーしあっていこうネ
大きなほめボードも描いてくれてありがとう。今後もヨロシクネ。

期待していること

・来月クリアしてほしい

子ども達に楽しく音楽や絵を通して積極的にがんばってネ。

・将来的に、こうなってほしい

〝ほめシート〟の80文字を埋める間に多くの気付きがある

例えば何かミスやトラブルが起こったとき。これまでは問題が起きてしまった結果だけを見て「なんで報告してくれなかったの？」「このやり方はまずいでしょう」と注意していました。でも、そもそもその職員はどんな思いでその行動を取ったのか、保育の仕事に対してどんな考えを持っているかを知らないまま、自分の意見だけ押し付けたところで、相手だって頭ごなしに言われたとしか思えないでしょう。私は園長として50人の職員に平等に接しているつもりでいたのですが、決してそうではないことを〝ほめシート〟と〝感謝シート〟によって思い知らされたのでした。

普段接する機会の少ない相手ほど、誤解を受けないように伝えることは難しいものです。「○○先生は、どんな言葉を掛けるとやる気のスイッチが入るのかな？」「この言葉で、相手を大切に思っている私の気持ちがちゃんと伝わるだろうか？」

こんなことをぐるぐる悩んで、たった80文字を埋めるために1時間以上うなってしまうこともありました。ただし、書き終わった後はいつも「ああ、この1時間、○○先生のことを考えられて良かったな」という気持ちで満たされていました。1時間も費やさなければ書けないのは、相手に向ける意識がよほど足りていない証拠。明日からは意識して○○先生のことを見ていこう。そんな前向きな発見をしていく日々でした。

良いところが見つからない相手をどうほめればいいの?

ただ「良いところが見つからない相手をどうほめるか」は、私にとっては依然として大きな課題でした。

私は、なかなか話が通じにくい(と勝手に思い込んでいる)職員、素直に注意を受け入れてくれない(と勝手に思い込んでいる)職員に対しては、「どこをほめればいいのかしら?」と本気で思っているタイプでした。今思えば恥ずかしい限りですが、研修で原さんが「ほめるところがない人なんて、この世に一人もいません」と言うのを聞くたびに、「いやいや、どこをどんなふうにほめるのよ」と心の内でつぶやいていたものです。

私だって、「あいさつをしてくれる」「毎日ちゃんと出勤してくれる」くらいのことは言えます。でもそんなことは社会人として当たり前。相手だって「○○先生、毎日あいさつしてくれてありがとう」「いつもちゃんと園に来てくれているね」などと言われたところでうれしくも何ともないでしょうし、「バカにしないでよ！」と思われるのがオチですよね。

うそでもいいからほめろということなの？　思いきって2回目の研修のときに原さんにそう聞いてみたところ、「違いますよ。ほめるところが見つからないと思うのは、白相先生が一つの見方しかできていないからです」と言われました。原さんは次のような例え話をしてくれました。

自分の腕時計を思い浮かべてみてください。そのデザインを、実物を見ないで完璧に相手に説明できますか？　針の色は？　文字盤の色は？　ベルトの太さは？　メーカー名は、どこにどんなふうに書いてある？　自分が気に入った部分、あるいは普段よく目を向けている部分については説明できるかもしれませんが、「そんなところ、目を向けたこともなかった」という部分は伝えられないのではないでしょうか。人も同じです。いったん「この人はこういう人だ」と思い込んでしまったら、一つの見方しかできなくなる。でも、その見方や思い込みを取り払わなければ「ほめ育」は成り立ちません。――

「うそでもほめるというのは『ほめている』だけで、『育てる』につながりませんよね。この先、子どもたちの保育にほめ育を取り入れていくためにも、ご自分の見方を変えてください。苦手な相手にだって、今の白相先生には見えていないけれど、ほめられるポイントがたくさん眠っています」。目が覚める思いでした。

自分をほめられない人は誰かのこともほめられない

原さんは続けて「では白相先生、ご自身の良いところは言えますか？」と聞いてきました。私はそのような質問に慣れていませんし、人前で自分の良いところを挙げろ、と言われてもすぐに答えなど出てきません。
「それでは人の良いところにも気付けませんよ。ご自分がちゃんと頑張っている点をご自身で認めてあげてください。そして、良くない部分は赦してあげてください。自分のことをありのまま認め、愛することができれば、誰かに嫉妬したり依存したりすることは無くなります。人のありのままの姿を認めることができるようになるのです」

私にとってはすごく衝撃的な言葉でした。これまで私は、自分をほめようとか認めようなどと思ったことは本当に少なかったからです。第一、保育士になってから先輩や園長にほめられた経験など、ほとんどありません。昔の園は今よりずっと上下関係が厳しく、自分の考えで何か物事を進めようとしようものなら「相談も無しにこんなことをやって！」と怒られるのが常でした。実は園長になってからも、自分よりも立場が上の人に「あんたみたいな園長じゃ保護者も子どもも職員もかわいそうだ」となじられた経験もあり、そうした出来事がトラウマになって「自分はできる」という自信はこれっぽっちもありませんでした。

自信家ではないけれども、私は毎日の仕事を当たり前に頑張っています。だから相手が頑張るのも当たり前のことでしょう。これまでの私はそんなふうに思っていたのですが、原さんの話を聞きながら、「当たり前」という思いからは相手への感謝の気持ちや、コミュニケーションを取りたいという気持ちは生まれにくいということに気付くことができました。

「それでも私は、苦手な相手や失敗の多い職員とどう接していけばいいか夜も眠れないほどに考えている。助けてあげたい、近付きたい、本音で会話をしたいと常に願っている。こんなふうに先生たちのことに思いを巡らせていることこそが、実はけっこう素晴らしいことなんじゃないの？」

そうやって、自分自身を認められた瞬間、ふっと肩の力が抜けるのを感じました。だったらその思いを素直に相手にぶつけよう。相手の良いところを探していこう。自分には無い、相手の素晴らしいところを見付けられる自分になろう。「こうしてほしい、ああしてほしい」と、相手に求めてばかりいた自分から、「こうしてあげたい、ああしてあげたい」と相手に与えたい自分へと変わろうとしたのでした。

私だけではなく、他の職員も〝ほめシート〟や〝感謝シート〟について、こんな感想を残しています。

「これまでは、相手のことを知る喜びなんて意識していませんでした。自分の心に光って見えた相手の言動に、気付く目を持つことができていなかったと思います」

「苦手な相手のことを思う時間なんて持たなかったたし、もしその人との間で嫌なことがあったら忘れようと思っていました。でも、これからはそんな相手のことを考える時間が楽しくなりそうです」

中だるみを迎えた〝ほめシート〟と〝感謝シート〟

滑り出しは快調だった、職員への「ほめ育」。しかし、最初の感動が薄れてからは、なかなか難儀することが多くなりました。

まず、職員会議で初めて〝感謝シート〟を書き合ったときから2カ月ほどたったころ、年度末から年度初めの忙しさもあって、みんなシートをあまり書かなくなりました。〝ほめシート〟と〝感謝シート〟は職員会議の折だけではなく、いつでも好きなときに書けるよう職員室の机に積んでおいたのですが、これがなかなか減っていきません。

原因の一つとしては、〝ほめシート〟も〝感謝シート〟も、「誰にでもいいから書きましょう」というルールにしていたため、書かれる人に偏りが出てしまうということがありました。例えば直近の園行事でリーダー的な役割を担ってくれた職員には、5枚も6枚もシートが集中します。その分、誰からももらえない職員が出てきます。するとたくさん書かれた職員も「私ばかりこんなにもらっちゃって……」と恐縮してしまうのです。

リーダーがいれば、必ず陰で支えている人がいます。うまく仕事が進むよう気配りをしてくれている人がいます。目立つ役割ではなくても、必ずみんなほめられるポイントはあるはずなのですが、このころはまだ、私も職員も〝ほめ育見習い〟の身。目につく人にしか視点を向けられなかったのですね。

そこで3カ月が経過した4月中旬の職員会議からは、全員が〝ほめシート〟〝感謝シート〟で思いを伝え合えるよう、4~5人ずつのグループになって「グループのみんなに1枚ずつシートを書こう」と決めました。

ただ、それでも机の上のシートの山が自然に減っていくことはありませんでした。たとえA5用紙1枚といえど、日々の仕事に追われる中では次第に書くのが億劫になっていきます。ほめ育を導入した1月からの半年間に、パッタリ書かなくなる波が2回くらいあったと思います。とはいえ、無理やり書かせるようなものでもありません。「シートを書くことで自分自身が成長できるという実感が持てるようになれば、きっと変わっていくだろう」「いずれにせよ、すぐに解決できる問題ではないから、焦るのはやめよう」と、いったん職員の様子を見守ることに決めました。

後から分かったことですが、実はこのとき、主任や副主任たち（研修参加組）が私の心の内を察知してくれていて、こっそり後輩たちにハッパを掛けてくれていたようです。

「自分のことでいっぱいいっぱいかもしれないけど、園のみんなで頑張っていることだから、〝ほめシート〟で伝え合おうね」

「このシートを書くことで、仕事の成果もきっと上がるよ。継続することで成果が出ていくものだからね」

こんなふうに陰でほめ育を支えてくれていたことを、私はまったく知りませんでした。私も人の行動に目を向ける見方が、まだまだ足りていないということですね。

実は、今でも職員の〝ほめシート〟〝感謝シート〟の書き方には課題が残っています。それは「宛先を複数形にする」ケースがあることです。例えば「行事係の先生たちへ」「年長組の先生たちみんなへ」というような書き方のことです。二つのシートを職員会議に導入して3〜4カ月がたったころから、こんな書き方がちらほら目につい てきました。

私自身も1回だけ、「職員のみんなへ」として〝ほめシート〟を書いたことがありました。

しかし、一人の職員に宛てて〝ほめシート〟を書いたときのような、「相手の成長に目を向けられて良かった」という気持ちも生まれないし、相手がどう感じたかもまったく伝わってきませんでした。〝ほめシート〟〝感謝シート〟の意義は、相手の成長を認め、促し、書いた自分もまた成長することにあります。ただ単に「みんな素晴らしいよ」「みんなありがとう」という気持ちを表わすこととは違うのです。自分で書いてみて、あらためて気付かされたことでした。

ただ、今の時点ではまだシートを書くこと自体を優先したいので「複数の先生宛てにまとめて書いてはいけない」「必ず、先生個人に宛てて書きなさい」などとは職員に取り立てて指導はしていません。職員たちの中から気付きの声が上がってくることを期待しつつ、今後の課題として見守っていきたいと思っています。

男性職員たちに湧き上がった不安と反発

当時も今も、本園には男性職員が8人います。最初に職員室のみんなで〝感謝シート〟を書き合ったときから、ちらほらと上がっていた声ですが、ほめ育を進めるにつれ「なんでほめなければならないのか」という男性職員からの声が大きくなっていました。

「人をほめるという、目に見えないことをどうやってやればいいか分からない」

「女の先生相手ならまだしも、男同士は言葉で感謝を伝えにくい」

「レクリエーションじゃあるまいし、職員会議でほめ合いなんかして、何になるっていうんだろう」

そんな思いを抱えていた男性職員は多かったようです。

「どうしてもほめシートを書かなきゃいけないとしても、なぜみんなの前で読まなきゃならないんですか？　自分の胸の内で思っていればいいじゃないですか。こっそり相手に渡せばいいことで、読み上げる必要はないと思います」

中にはそうはっきり言ってくれた職員もいたので、私も頑として言いました。

「ほめ育は谷里保育園の教育の一環で、取り組みの一つです。やりたいからやるとか、やりたくないからやらないとかじゃないの。新年度からは子どもたちにもほめ育を導入していく、その一環として私たちもほめ育を習慣づけていかなくちゃならない。これはうちの園の教育の一つだと思ってちょうだい」

彼の返事は、「あ〜〜……はい、分かりました」という、釈然としないものでした。不満が残っていることは分かっていましたが、あれこれ言うより短く言いきったほうがいいと思ったので、このときの説明はあえてこれだけにとどめました。ただ、今付け加えて言うなら、みんなの前で読み合うからこそ、ほめ言葉は初めてパワーを発揮するものだと私は思っていたのです。大人になると普段生活する上で、人前でほめられる機会は本当に少ないですし、せっかく〝ほめシート〟〝感謝シート〟を書いたのに隠しておくのが良いこととは思えませんでした。

それから、自分が普段あまり関わりのない職員や、苦手な職員が誰かにほめられているのを聞く中で、私はこんな発見をしていました。

「あの先生、取っ付きにくいと思っていたけど本当は違うんだ」

「自分もこの先生と似た行動を取るかも。親近感が湧いてきたわ」

ほめられた側の職員だけでなく、ほめた側の職員に対しても、

「人のことをほめるのがすごく上手だな」

「自分はこんなふうに人のことを見られていないな」

「文章を書くのがすごくうまいんだ！」

と、いろいろな発見があります。


また、これは主任やリーダーが言っていたことですが、特別にうれしいのは、自分の後輩が誰かにほめられたときだそうです。

「こんなにすてきなほめ言葉を掛けてもらえるくらい成長したんだ」

「この先生が今ほめられたこと、前に私が教えたことだ。今でも忘れずに、ちゃんと身に付けてくれているんだな」

「後輩がほめられることって、自分がほめられるよりずっとうれしい！」


こうした気持ちも、みんなの前で発表しなければ気付けないものでした。ほめ育全体を通して私が感じていることですが、みんなの前で伝え合い、互いに聞き合うというのはとても大きなポイントだと思っています。おそらく、ふと感じた誰かの良い面というのは、人前で発表しなければいつの間にか自分の心の中から消え去ってしまいます。しかしそれが、みんなの前で気持ちを伝えることで、その思いが形に残り、自分の行動や考え方まで大きく変わっていくのです。

実際にこうした気付きを繰り返すうちに、男性職員にもほめ言葉による良い循環が浸透していったようです。

「ほめられた部分が自分の武器となると感じました」

「面と向かって言葉にするのは照れくさいからこそ、文章で素直な気持ちを伝えることが大事だと気付きました。そして文章で伝えられるようになると、面と向かってもほめ言葉を口にできるようになりました」

しかし、こんなふうに男性職員から前向きな意見が上がるようになったのは、ほめ育を導入してから1年近くがたってからの話。最初のうちは「とにかく、園としてやることに決めたから」と宣言し、〝ほめシート〟〝感謝シート〟のやりとりを重ねていくしかありませんでした。

「ほめ育は自分たちで創り上げるもの」と激励をもらった、研修第3回

3回目の研修は3月8日にありました。この日も8人で参加し、二人組でこれまでの研修を振り返っての感想、今の自分の思いについて、3分間スピーチを行いました。

「ほめ育で、こんなに自分が心を動かされるだなんて、始まる前は思ってもみませんでした。また、人はそれぞれ違うということを念頭に置いてコミュニケーションを取るようになりました」

「前は、嫌なことがあったら落ち込んだまま眠りについていたけれど、『でもここは良くできていたな』『明日はもっとこうしよう』と、自分の良い面にも目を向けるようになりました。そうすると、朝目覚めたときの気持ちがぐっと晴れやかになっていきました」

ちなみに、私はこんな内容を発表しました。

「今までの自分には自分勝手な考え方があったことに気付かされました。『何もしていないけれど、ほめられたい』『何もしていないけれど、私を見て』という気持ちがあって、なん

でほめてもらえないのだろう、なんで認めてくれないのだろうと不満に思うことが多かったのです。でも、そんな自分の拙さに気付くことも大事。一つひとつ階段を上って成長していくって、こういうことなのだとほめ育を通じて実感しました」

初めは人前で〝感謝シート〟を読み上げるのもやっとだった私たちですが、このころになるとスピーチをする姿もだいぶ板についてきました。

モニター園としての研修はこれで最終回。3回の研修を通して、原さんから「谷里保育園ならば、ほめ育をこういうふうに導入しなさい」「こういうことはしてはいけません」と指示されたことは一切ありませんでした。ほめ育とは自分たちに決まり事はなく、現場の人間が変化・進化させていくものだというのが原さんの考えだったからです。

原さんは別れ際、私にこんな言葉を掛けてくれました。

「ほめ育はご自分たちで創り上げていくものです。そのために、ミッションや志を一つひとつ明確にしてきましたよね。『園全体にプラスの空気をつくる』というミッションに向けて、白相先生が何をしたいか、それが谷里保育園にとっていちばん大事なことですよ。園を良くしようと思っている白相先生の考えることに、悪いことなんてないはずです。あなたが思ったようにやれば、それでいい」

そして、今後も24時間、365日、永遠に谷里保育園をサポートすると約束してくれました。

そんなこんなしているうちにあっという間に日は過ぎて、新しい年度がスタートする4月を迎えました。職員たちへのほめ育の浸透もまだ完全ではない中ですが、いよいよ子どもたちへのほめ育が始まります。

新学期の初めにはいつも、保護者への全体説明会を行います。保護者(特にお母さんがた)全員と顔を合わせられる唯一の機会と言ってもいいこの説明会で、私が話したのは、「この4月から、連絡帳が変わります」ということでした。

第2章

子どもたちへのほめ育、いよいよスタート！

連絡帳から〝きらきらシート〟へ

新年度を迎えた2016（平成28）年4月1日。この日から、いよいよ子どもたちへのほめ育が始まりました。といっても、ほめ育には特別な教材も必要なければ、園生活を大きく変える必要もありませんから、保護者に向かって、あらたまって「今日からほめ育を始めます」と宣言したわけではありません。

4月半ば、新学期恒例の説明会に集まった保護者に、ほめ育関連で伝えたのはただ一つ。「今年度から連絡帳を、月2回の〝きらきらシート〟に変えます」ということでした。

〝きらきらシート〟が何なのかをご説明する前に、まずは本園の連絡帳のことをお話ししましょう。これまでの谷里（やつり）保育園では0歳児から5歳児まで、毎日連絡帳を書いてご家庭に渡していました。でも実は、私はずっと「連絡帳を読んで、お母さんたちは楽しいのかな？」

と思っていたのです。

というのも、特筆すべき連絡事項が毎日毎日あるわけではないからです。「今日は堤防までお散歩に行きました」「お友達と仲良く手をつないで歩きました」「帰ってきて給食をしっかり食べていました」という、単なる報告で終わることがほとんど。もちろん、乳児クラスに限って言えば、「離乳食をどのくらい食べたか」「あんよがどのくらいできたか」という細かいことを一つひとつ、保護者に伝えることにも意味があります。でも、ある程度年齢が上がってくると、決まりきった報告には意味が無くなってきます。

けれどもとりあえず毎日書くことになっているから、担任は来る日も来る日もクラスの子ども全員分の連絡帳を書かなければなりません。不慣れな新人保育士なら、連絡帳を書くだけでけっこうな時間を取られてしまうでしょう。その間、子どもを見る保育者の目が一人分減ってしまうわけですから、まったくもって本末転倒です。これは多くの園の悩みでもあるはずです。

それでも保護者の役に立てているならまだ良いのですが、当時の連絡帳は、お世辞にも役に立っているとは思えませんでした。

まず、コメント自体を返してくれない保護者がいます。連絡帳にはご家庭からの返信欄を設けているのですが、コメントがまったく無く、職員からの一方通行になっている場合が多かったのです。また、コメントは返してくれる保護者の場合でも、「このコメントに対してどう返事をすればいいの？」という気持ちにさせられることもしばしばでした。

例えば、わが子に対する心配事や不満を綿々と書いてくるケース。「先生は『園では給食を全部食べました』って書いてくれますけど、家では全然食べないんですよー。最後は全部こぼされて、今日も親子げんか。もう最悪～(*_*)」。かと思えば、子どもへのラブラブ日記をつづってくるケースもあります。「うちのパパは○○ちゃんにメロメロで、ごはんもお風呂もいっつもパパが抱っこ。今日も愛されまくりの○○ちゃんでした♪」。

けれども今から思えば、きっと保護者の側も職員の当たり障りのない報告に対して、「返事のしようがないわ」と感じていたのだと思います。だからノーコメントで連絡帳を返さざるを得ない、もしくは同じように当たり障りのない内容を書いてくる。このころは私も、まだそこまできちんと問題の本質を捉えられてはいなかったのですが、形の上だけ連絡帳を毎日やりとりすることが、保護者の役に立っているとは思えないという実感だけははっきりと持っていました。

そんな状況を変えたいということ、どうせ変えるならほめ育にもつながる変え方にしたいということを4月頭の職員会議で提案し、職員みんなで考えたのが、月2回の〝きらきらシート〟（71ページ参照）です。一度耳にしただけで、明るく、前向きなイメージが伝わるネーミングを、とみんなで知恵を絞りました。これは、ほめ育の生みの親・原さんから教わったものではなく、谷里保育園オリジナルの「ほめ育アイデア」でした。

〝きらきらシート〟のルールはこうです。

■3歳児・4歳児・5歳児クラスに導入する
■一人の子につき、月に2回書く
■毎日の報告ではなく、その子の成長や成果について伝える
■ご家庭からの返信欄には、職員への返信ではなく、わが子へのメッセージを書いてもらう

■「給食を残さず食べました」など毎日の定番連絡は、職員が〝口頭で〟保護者に伝える

新年度の説明会では、この〝きらきらシート〟のルールに触れた上で、次のように保護者に説明しました。

「これからは、子どもたちが頑張ってできるようになったことや、園生活で学んだことがその子の行動に活かされたと感じたことについてお伝えしていきます。それこそが、本当にその子の〝心の力〟が見えたポイントだと思うからです。〝心の力〟は、職員も真剣に目配りしていなければ見えてこないものです。これまで毎日の連絡帳を書くために費やしていた時間は、子どもたちを見守る時間に充てたいと思います」

当然、「何でやめるんですか？」という意見もありました。

「連絡帳は育児日記の代わりなんです。毎日のことを文章で残してほしいです」

「たとえ当たり障りのないひと言でも、先生からのコメントが欲しいです」

保護者からのこうした意見は、私や職員の気持ちを逆に奮い立たせてくれました。「今は、前の連絡帳に戻してほしいと言っている保護者からも、〝きらきらシート〟が本当にいいも

お姉さんになったね

ちゃん　へ

29年7月13日

お友達に自分の気持ちを伝えたい時に、「～だから～なんだよ！」とちゃんと理由を相手に伝えて一生懸命お話している姿を見て成長を感じました。

おうちの方から

とっても頑張っているね。
ママも　に、何かを伝える時は
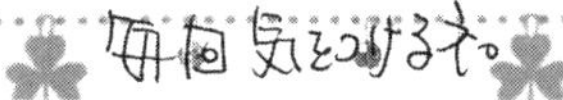
ちゃんと、理由をお話できるように
毎回気をつけるぞ。

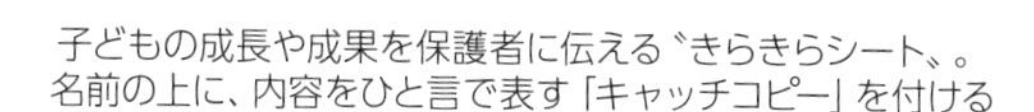

子どもの成長や成果を保護者に伝える〝きらきらシート〟。
名前の上に、内容をひと言で表す「キャッチコピー」を付ける

のだと思ってもらえるように頑張ろう」「今まで以上に保護者とのコミュニケーションを大事にしていこう」と一致団結できたのです。保護者説明会から3～4カ月が過ぎた夏以降には、「毎日の連絡帳を復活させてほしい」という意見は誰からも上がらなくなりました。これは、保護者自身が〝きらきらシート〟の効果を実感したからこその変化だと思います。このころには職員たちも、職員同士で書き合う〝ほめシート〟のおかげで観察力がアップし、その力が〝きらきらシート〟の内容に反映できていたからだとも言えるでしょう。

〝きらきらシート〟が園全体にもたらした変化については、後ほどあらためて語ることにしましょう。

毎日の場面ごとに「ほめ育としての基準」をつくる

園児たちと接する毎日に、具体的にどうやってほめ育を取り入れていくか――。職員同士のほめ育においてもこれまでに認識できたように、人をほめるということは、ただ単に「すごいね」「よくできたね」と言えば良いというものではありません。このころ、職員の中ではほめ育の確かな効果を実感する一方で、「ほめること」の奥深さに戸惑う声が上がっていました。

「自分のほめ言葉がちゃんと相手の子に届いているか心配になります」

「子どもたち一人ひとりの頑張りに対して声を掛けることがなかなか難しいです」

大人同士でも自分の言葉を相手に誤解なく伝えること、相手が頑張っていること・努力していることを的確に読み取って、言葉にしてほめることは難しいものです。相手が子どもなら尚更のこと。

そこで私たちが最初に取り組んだのは、朝の会から帰りの会に至るまで、「ほめ育としての基準」を設けることでした。

原さんのアドバイスを思い出したのです。私たちが谷里保育園のミッションを「園全体にプラスの空気をつくる」と決めたとき、原さんは私に「ほめ育の基本は、基準を明確にすること」だと教えてくれました。まずは長期的なミッションを決めて、次にミッションを実現するための志を決める。志を決めることで初めて、一つひとつの行動をほめたり注意したりする基準ができる。そうすることで「ほめて育てる」言葉を掛け合うことができる。

これこそが「ほめ育」の基本となる考え方でした。

「朝の会」「お散歩」「食事」「帰りの会」など、園生活の流れを場面ごとに書き出し、「園全体にプラスの空気をつくる」というミッションを実現するために、それぞれの場面でどんな基準をつくれば良いか、職員はどんな行動を取れば良いか、園児たちがどんな行動を取れるよう教えていけば良いかを話し合い、一覧表を作りました。少し、例を挙げましょう。

■朝の会……楽しい一日の始まりはここで決まります。元気に、テンポよく、リズミカルに進めることがポイント。子どもたちは担任の表現力をまねして身に付けます。手抜きはできません。

■掃除・整理整頓……気遣いの基本は掃除からです。子どもたちには、使った物は元に戻す・物を無駄にしない・他の子も使いやすいように片付けることから徹底させましょう。

具体的な場面だけでなく、次のような抽象的なことも書き出します。

■「はい」の返事……明るく短い「はい」の返事で、何事もうまくいきます。表情、声のトーン、語尾の上がり具合など、先生が手本となって、子どもたちにも習慣付けをさせてください。行動するとき、ため息をついて動くのと、「はい！」と言って動くのとでは価値がまったく違います。気持ち良く一歩を踏み出した子を必ずほめて。

■応援……本気の応援は、自分がしたとき・してもらったときの両方で成長が待っています。言葉だけでなく、視線・表情・姿勢で表すこともできます。応援し合ってたくさんの幸せをつくりましょう。

朝の会も掃除も、今まで毎日こなしていたことです。「名前を呼ばれたら、大きな声で『はい』と返事をしましょうね」ということも、これまで何十年となく谷里保育園の保育士が言ってきたせりふです。しかし、そうした一つひとつの場面が「園全体にプラスの空気をつくる」という大きなミッションにつながっていると意識することで、職員も子どもたちのほめるポイントを積極的に見つけられるようになりました。

すると子どもたちの表情や言葉も変わってきました。先生たちからほめられた記憶、特に自分が頑張ったことをピンポイントでほめてもらえたときの記憶は、その子の心にしっかり刻まれるものなのですね。子どもたちの自信、やる気、「頑張ること、続けることって楽しい！」という気持ちが、あらゆる場面で伝わってくるようになりました。

「ほめて育てる」ほめ育と「自立心を育てる」YYプロジェクト

特に変化があったのは、3歳児以上のクラスの園児たちでした。3歳児以上には〝きらきらシート〟を導入したこともあって、職員がより意識してほめ育に取り組んだおかげで、子どもたちは何がどのように良かったのか、具体的にほめられる機会が目に見えて増えたからだと言っていいでしょう。言わずもがなですが、0歳児や1歳児は、歩くことも食べることも、話すことも何もかもがゼロからのスタート。職員も保護者も「よくできたねー」という言葉が自然に出ますし、なるべく成功できるように上手に手助けしてやります。いわば「ほめて育てる」ことが大人の側に自然にできている年齢です。しかし、子どもは年齢が上がるにつれて、できて当たり前のことが増えますから、その分だけほめられる機会も減ってしまうのです。

それだけでなく、谷里保育園ではこの2年前から、体力づくりのために園舎の外周を走るマラソンや、数字やひらがなのワークに毎日取り組むことで、子どもたちの自立心を養うYYプロジェクトを取り入れていました。「むやみやたらにほめてはいけない」「ほめるのは主体的に行動できたとき」といったYYの考え方が職員の間に浸透していたため、余計に難しく考え過ぎてほめる機会が減ってしまっていたのです。

でも、たとえいつもマラソンが遅い子でも、しっかり腕を振れる、真っすぐ前を向いて走っている、何より毎回本気で取り組んでいるなど、注目すべき素晴らしいところはたくさんあります。ワークなら、問題を解ける速さや正確さだけでなく、正しい姿勢や適度な筆圧で書けているか、集中力が途切れていないかも着目すべきポイントです。

これまで職員は、「みんなと比べて良い結果を出したとき」にほめることが多かったのですが、「その子が良い雰囲気で課題に取り組めているとき」「その子自身が前よりも成長したとき」にもほめるようにしました。さらに、これまでは「嫌だ」と言う子を何とかして取り組ませるように仕向けていたのですが、本人がやりたがったときにやらせる、無理強いはしない、というふうに変えていきました。

すると何人かの、これまでマラソンやワークが嫌で「やりたくない」と泣いていた子たちが、泣かなくなりました。もちろん走る距離を短くしたわけではありませんし、ワークの内容も変わりません。やっていることは同じなのに、これまで「うまくできないからやりたくない」と泣いていた子たちが、「先生にほめてもらえるから頑張る」「お友達が応援してくれるからやってみる」と言うようになったのです。

これは職員にとってもびっくりさせられる出来事でした。これまで、当初の私と同様に、ＹＹプロジェクトとほめ育は相反するものだと思っている職員が多く、ほめ育を導入するときから「ＹＹとほめ育をどう両立させればいいか分からない」「今までとやり方を大きく変えなければならないことに重荷を感じる」という声が多かったのですが、指導内容はＹＹのまま、ほめ方にはほめ育を取り入れることで、子どもたちのやる気がぐっとアップしたのです。

ほめることは自立を妨げるものではなく、むしろ自立を応援するものなんだ――。そんなふうに職員が考えられるようになってからは、ほめ言葉を潤滑油のようにして子どもたちへの指導を進めていきました。ほめられることは、どんな年齢の子どもだってうれしいものです。子どもたちの間にも自然と笑顔が増えていきました。

ほめるところがまるで無い!?　年長・ぞう組の悩み

しかし、大きな心配事が一つありました。この本の「はじめに」で触れた、例に無いほどの〝手強さ〟を見せる年長・ぞう組のことです。いちばんのお兄さんお姉さんのはずなのに、下手をしたら年少組の園児たちよりも幼く、すぐに叩く・蹴る・かみつく。口だけは達者で、すぐ友達のせいにする、自分のことは棚に上げて人の文句ばかり言う、できないことの言い訳ばかりする……。

この子たちが年中組のときの惨状を目の当たりにしていた私は、この年からクラス担任を保育歴16年の職員に託していました。頼りがいがあり、いつも明るい彼女でなければこのクラスは預けられないと見込んでのことでしたが、しかしその彼女をして、「園長先生、私は毎日あの子たちを叱ってばかりですよ。どこをどうほめればいいって言うんですか。本当に自分が情けないです」と言わしめる状態でした。

彼女の悩みどころは、他の職員と同じように、最初はYYとほめ育の両立に迷ってしまったこと。加えて、彼女自身のストイックな性格のため、「ほめて育てる」「自分自身を赦す」という考え方に違和感があったことだったようです。4月当初のことを振り返って、後にこんなふうに話してくれました。

「どうしても、『些細なことではほめられない』という気持ちが強かったんですよね。原さんの研修で、『朝、いい気持ちで起きられたら、それだけで一つ自分をほめてください』と教えてもらっていたけれど、いやいや、そんなことでほめられるわけがないでしょって思っていました。そんなところでほめたら、自分が伸びないいんじゃないかって。だから自分のこともほめられなかったし、子どもたちのこともほめられませんでした」

少し前の私と同じです。

ただ、ぞう組の子どもたちと向き合ううちに、彼女は「何か違う」と思い始めたそうです。強く叱ってばかりいても、結果的に子どもたちの心には何も響かないこと、自分の中にも「いい指導ができた」という手応えがまったく残らないことに気付いたと言います。

ちょうどそのころ後輩の職員からもらった〝感謝シート〟も、自分の考え方を変えるきっかけになったようです。

「〝感謝シート〟をくれたのは、少し前に私がアドバイスをした後輩でした。『先生のおかげで、何が大切か、どこを改善すべきかを考えさせられました。先生みたいに、相手のことをいつも本気で考えて指導できるよう、私も見習っていきたいです』って書いてくれていて。それを読んだとき、子どもも同じなのかなって思ったんです。叱るときもほめるときも、相手のことを本気で思いやることが大切。子どもは大人以上に、相手が本当に自分のことを思って言っているかが分かるから、本気で掛けた言葉ならきっと伝わるはず。ほめるときは、みんなの前でたくさんほめよう。叱るときも、みんなにも説明しながらしっかり叱ろう。こんなふうに決めて、これまでとほめ方を変えることに専念しました」

とはいえ何といっても、自分中心の子が多いクラスですから、そうそうすぐに効果が上がるわけではなかったようです。私が記憶している限りでも、6月くらいまではこの職員が頭から湯気を出している場面にしょっちゅう出くわしたものでした。

しかし、秋ごろにかけて徐々に子どもたちが穏やかになっていき、ぞう組の気持ちが一つになっていく変化が見られるようになりました。ぞう組の変化については、この章の終わりであらためて語ることにしましょう。

毎日のほめ育①…〝今日のきらきら賞〟の発表

職員たちの〝ほめシート〟〝感謝シート〟に代わるものとして、園児たちには〝今日のきらきら賞〟を取り入れました。これは、毎日の帰りの会で担任が「今日輝いていた子」を発表するというもので、〝きらきらシート〟と同じく本園オリジナルの取り組みです。

「〝今日のきらきら賞〟は〇〇ちゃんです。先生のお手伝いをすごく頑張ってくれて、かっこよかったんだ」

「〝今日のきらきら賞〟は〇〇くん。お友達にはさみの使い方を教えてくれていました。すごいなあ」

名前を呼ばれた子は前に出て、「チャンピオン台」と呼んでいる椅子の上に立つことができます。残りのみんなは、チャンピオンに向かって大きな拍手。最初のうちこそ、「何で僕は〝きらきら賞〟じゃないの⁉」と駄々をこねる子もいましたが、回数を重ねるうちにそんな子は誰もいなくなりました。今では、3歳児以上は子どもたちから〝今日のきらきら賞〟を発表するようにしているのですが、みんな自分が選ばれるよりも、お友達のいいところを探すことに夢中です。


実は、このいいところ探しは大人より子どものほうがずっと上手。

「〇〇くんは、いつも給食の列に並ぶのが一番です」

「〇〇ちゃんは、いつも手を挙げるのが早いです」

子どもたちにとって「一番であること」「早いこと」は、それだけで「かっこいいこと」。大人になると、いかに人に指されないか、一番に当てられずに済ませるかという気持ちが強くなり、いつの間にか「一番がかっこいい」という発想まで無くなっていることに気付かされます。

こんなふうに子どもたちからほめ方を教えられたときこそ、「ほめられた子」だけではなく、「ほめた子」にも拍手を送れる絶好の機会。「すごくいいところに気付けたね」「手を挙げるってかっこいい、と思える気持ちはすてきなことだよね」と伝えます。

さらに、「では、〇〇ちゃんみたいに気持ちのいい手の挙げ方をするには、どうすればいいだろう？」と子どもたちに質問すると、我先にと意見が上がってきます。

「顔も目も、真剣に先生のほうを見るといいと思う」

「背筋も伸びていると、もっといいよね」

「『はい！』って元気に言ったら、一番に当ててもらえるよ」

これはまさに「園全体にプラスの空気をつくる」という、谷里保育園が目指すミッション

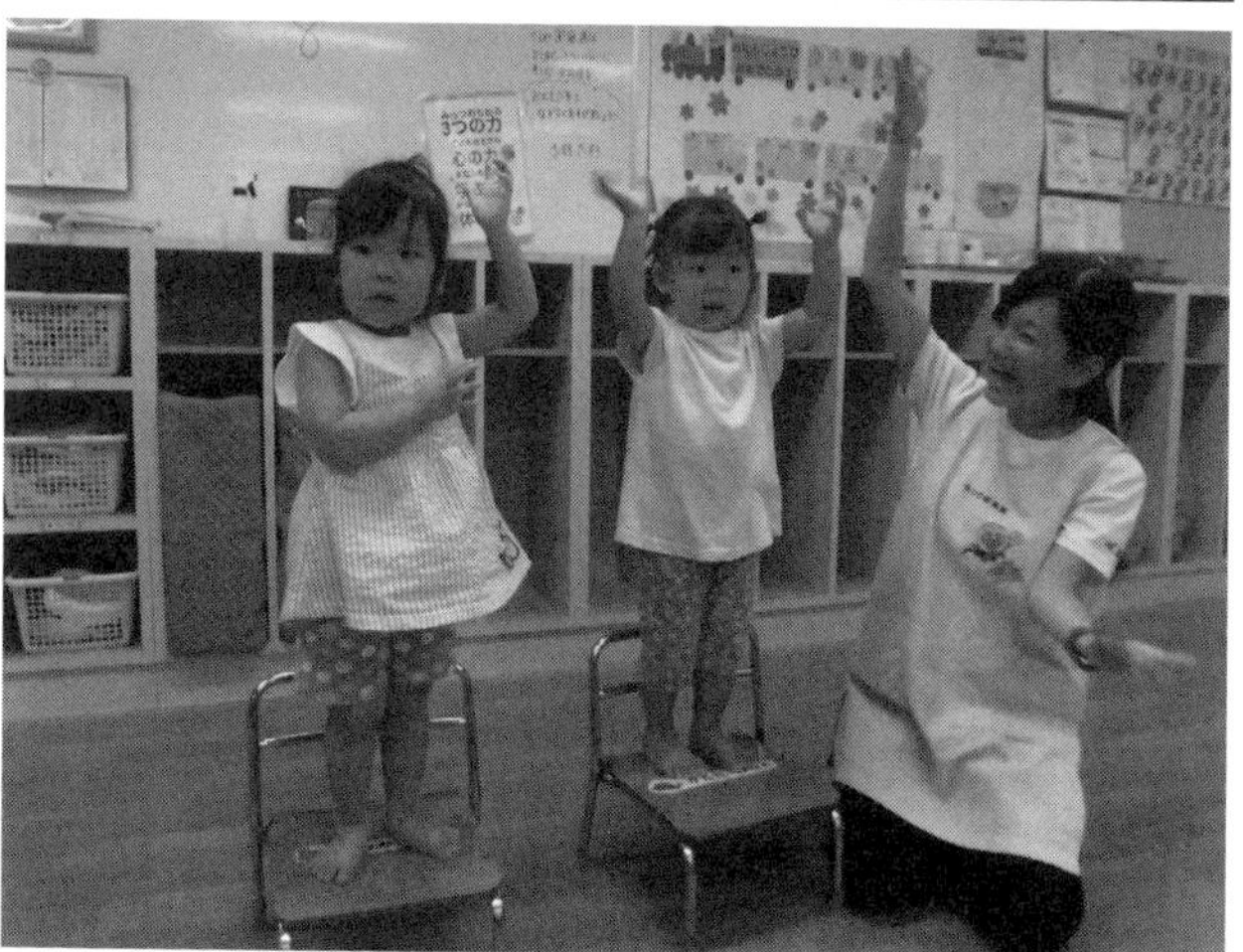

0・1・2歳児クラスは担任が毎日の帰りの会で〝今日のきらきら賞〟を発表。
本人だけでなく周りの子どもたちも手をきらきら～の形に

ることなのかを話している子どもたちの姿は、本当にきらきらしています。こうした話し合いができるようになったのも、ほめ育を始めたからこその成果です。

にもつながる話。どんなことが「いいこと」なのか、「かっこいい」ことなのかを話してい

それから、考え方が柔軟なのも子どもたちならではの長所です。

ある日、年長組の女の子二人が廊下でけんかをしていたときのこと。あまりに言い合いが続くので、私が「あなたたち、そんなにけんかばっかりしていないで、相手のいいところも考えてみようよ」と声を掛けたことがありました。

すると、「○○ちゃんは縄跳びが上手」「○○ちゃんは髪形がいっつもかわいい」「○○ちゃんはいつもすぐ遊びの仲間に入れてくれるよね」と、お互いにほめ合う言葉がちゃんと出てくるのです。大人だったらこうはいきません。すかさず私が「そうだよね。大切なお友達なんだから、仲良くしたら？」と言うと、二人で手を取り合って園庭に走っていきました。


0・1・2歳児は、もちろん自分で発表することは難しいので、担任が〝今日のきらきら賞〟

を発表します（85ページ参照）。しかしこのあいだ、1歳児の保護者からこんな話を聞きました。

「この前、近所のお友達が家に遊びに来たら、お友達を踏み台の上に立たせて、娘が『きらきら〜〜』ってやってあげていたんです。いつも先生がやってくださるのを見ていて、自分もやりたかったんでしょうね」

かわいらしいエピソードに、思わず胸がきゅん。同時に、「〝きらきら〟ってすてきなことなんだな」「お友達をほめてあげられるって誇らしいことなんだな」という考えがこんなに小さなうちから育っていることに、ほめ育の大きな力を感じたのでした。

毎日のほめ育②…テレビ番組だって立派なほめ育素材に

年長組になると、簡単なグループワークをすることもあります。

例えば24時間テレビを見た翌日。私が年長組の部屋まで行って、「昨日24時間テレビを見た人いる？」と聞きます。「はい！」「はい！」「はい！」と次々に手が挙がるので、まずは「みんな、どこがよかったと思う？」と質問します。

「マラソンを24時間走ってたところ」

「暑いのにずっと走ってたんだよ」

「最後は泣いちゃってた」

ひと通り意見が上がったところで、「そうかあ、最後まで走ったんだね。じゃあ、どういうところが偉かったのかな？」と聞くと、また意見が上がってきます。

「足が痛いのに、最後まで走ってた」

「道路に出てる人も、頑張れ!!って言ってた」

「隣で走ってる人もずっと頑張ってた」

一つの番組を見ていても、子どもによってほめる視点は様々。私も「すごいねえ、そんなところまで見ていたんだね」と感心してしまいました。

このとき、私が子どもたちに伝えたのは、「頑張っている人を応援する気持ちで見ていたみんなは、すてきだよ」ということでした。マラソンを走っている人の頑張りや、障がいを持ちながらもチャレンジしている子の勇気が、周りの人の心まで変えていくことを、子どもながらにちゃんと分かっているのです。誰かが頑張っているとき応援してあげられる子、お友達が大切にしているもの・ことを自分も大切にできる子に育ってほしいというのが、この日のグループワークの目的でした。

別の日には、「みんなの家族のいいところ」を伝え合うグループワークをしました。

「ママは、保育園から帰るとき、いつもマフラーを貸してくれる」

「パパは自転車をこぐのが速いよ」

「おばあちゃんちに行くと、いつもたくさんおかずを作ってくれるの」

「おじいちゃんはゴルフの練習を頑張ってるよ」

口々に言い合ううちに、子どもたちの口から「大切な人」というフレーズが溢れ出しました。「ママとパパと妹が大切」「おじいちゃんとおばあちゃんもだよ」「僕はお友達の○○くんが大切!」。

こんなふうに、テレビ番組でも身の回りのことでも、大人の導き方一つで何でもほめ育の素材になります。ほめ育は特別な道具やワークが必要ないからこそ、日常の出来事や、自分が見たこと・聞いたことの中から子どもたちに伝えられる素材を選び出す「感度」が磨かれたと感じます。

毎日のほめ育③…叱ることも含めて「ほめ育」

「ほめて育てる」と言うと、「叱らないようにするの？」と聞かれることがよくあります。私自身、最初にほめ育のことを聞いたときに心配したのは、「叱らなくてはいけない場面でも、優しい言葉を掛けるようにしなくてはいけないのだろうか？」ということでした。

これはほめ育の生みの親である原さんが言っていることですが、ほめることには叱ることも含まれます。なぜなら、叱ることも相手が成長するために大事なことだから。私たちが大切にしているのは次の三つです。

①ほめるときも叱るときも、愛情を持って伝える

相手に伝わるかどうかは、愛情があるかどうかです。その子にとって必要だと思うことなら、愛情と自信を持って伝えれば必ず伝わります。「ほめきる」「叱りきる」こと

が大切です。

②最後は「プラスの言葉」で終える

「○○しなくちゃ駄目なんだよ」と言ってしまいがちですが、これはマイナスの言葉。これを「○○してくれるとうれしいな」とプラスの言葉に言い換えます。やらないことを責めるのではなく、やってほしいことを伝えます。

③その子だけでなく、周りの子にも考えさせる

例えばAちゃんがBちゃんを叩いてしまったとき。AちゃんBちゃんだけでなく周りにいた子にも、自分が同じ立場だったらどうするかを考えさせます。年中・年長組くらいになると「見ているだけじゃなくて、間に入れるようになったら素晴らしいよね」と伝えていきます。

谷里保育園にはすごく厳しい一面もあるので、特に叱るときは「駄目なものは駄目」とみんなの前でビシッと叱ります。いつまでも泣きやまない場合は、他の子にもぐずぐずが伝染してしまうので職員室に連れて来て、「お部屋に戻れるようになるまでここにいなさい」と言うこともあります。

そして、叱った後はちゃんとほめ言葉につなげられるようにフォローします。「自分で泣きやんで切り替えられたね」「昨日先生が言ったこと、ちゃんと分かってくれたんだね。今日はお支度もちゃんとできたものね」。きちんと叱りきるからこそ、こうしたほめ言葉が掛けられるのです。

むしろ「ほめる」の対義語は「叱る」ではなく、「比べる」です。他のお友達と比べて優劣を付けないというのはもちろんのこと、よく保育士が言いがちなせりふとして次のようなものがあります。

「もうみんなお部屋に集まってるよ」

「そうやっていつまでも遊んでいるのは、〇〇ちゃんだけだよ」

つまり「みんな」と「その子」とを比べているわけです。保育士だけでなく、もしかしたら保護者もおうちで、「弟はもうできているのに、何であなたはできないの？」「お姉ちゃんはもうできてるよ、早くしなさい」と、「きょうだい」と「その子」を比べるせりふを連発しているかもしれません。

なぜ、こんな言い方をしてしまうのでしょうか。この言葉の裏には、大人が自分を正当化したいという思いがあります。

「私が言ったことを他のみんなはできている。できていないのはあなただけ。だから私は悪くない。できないあなたが悪いのよ」、大げさに言えばこんな感じでしょうか。残念なことに、その子の成長のために何かを伝えたいという意図はそこにはありません。

例外的に、「この場面では比べるような言い方をしたほうが、効果的かな」「この子の場合、お友達と比べてあげたほうがもっとやる気が引き出せるだろう」と思った場合は、意図的に比べる言い方をする場合もあります。例えば、「みんな今、何をしているかな？　○○くんだったらどうしたらいいか分かるよね。やってくださいね」「泣いていて、できるようになるのかな？　他のお友達がどうしてできるようになったか見ててごらん。できるようになるには、何度も何度も頑張るんだよ。○○ちゃんだって、必ずできるようになるよ」というような言い方です。何の意図もなく、大人の気持ちをすっきりさせたいがために比べる言い方はしてはいけないと肝に銘じています。

毎日のほめ育④…玄関の壁一面に広がる〝ほめボード〟

連絡帳代わりの〝きらきらシート〟、そして毎日発表する〝今日のきらきら賞〟と同様、谷里保育園オリジナルの「ほめ育アイデア」としては〝ほめボード〟というものもあります。これは、園に導入したほめ育を、保護者と子どもと職員が目に見える形で同時に共有したいという願いから作ったものです。

園舎を入ってすぐの壁に貼っている、横3・2メートル、縦2・1メートルの大きな模造紙が〝ほめボード〟。写真（左ページ）でご紹介するのは、春バージョンの「桜」と、夏バージョンの「海の中」です。桜の花びらや魚は1枚ずつのカードになっていて、思い思いのメッセージが書かれています。

「○○ちゃんへ、いつもわたしにえがおではなしかけてくれてありがとう」という、園児から園児へのメッセージ。「ママとパパは○○ちゃんのことが大好きです」という、親から子へのメッセージ。「○○くん、寝返りが上手に打てるようになりましたね」という、職員か

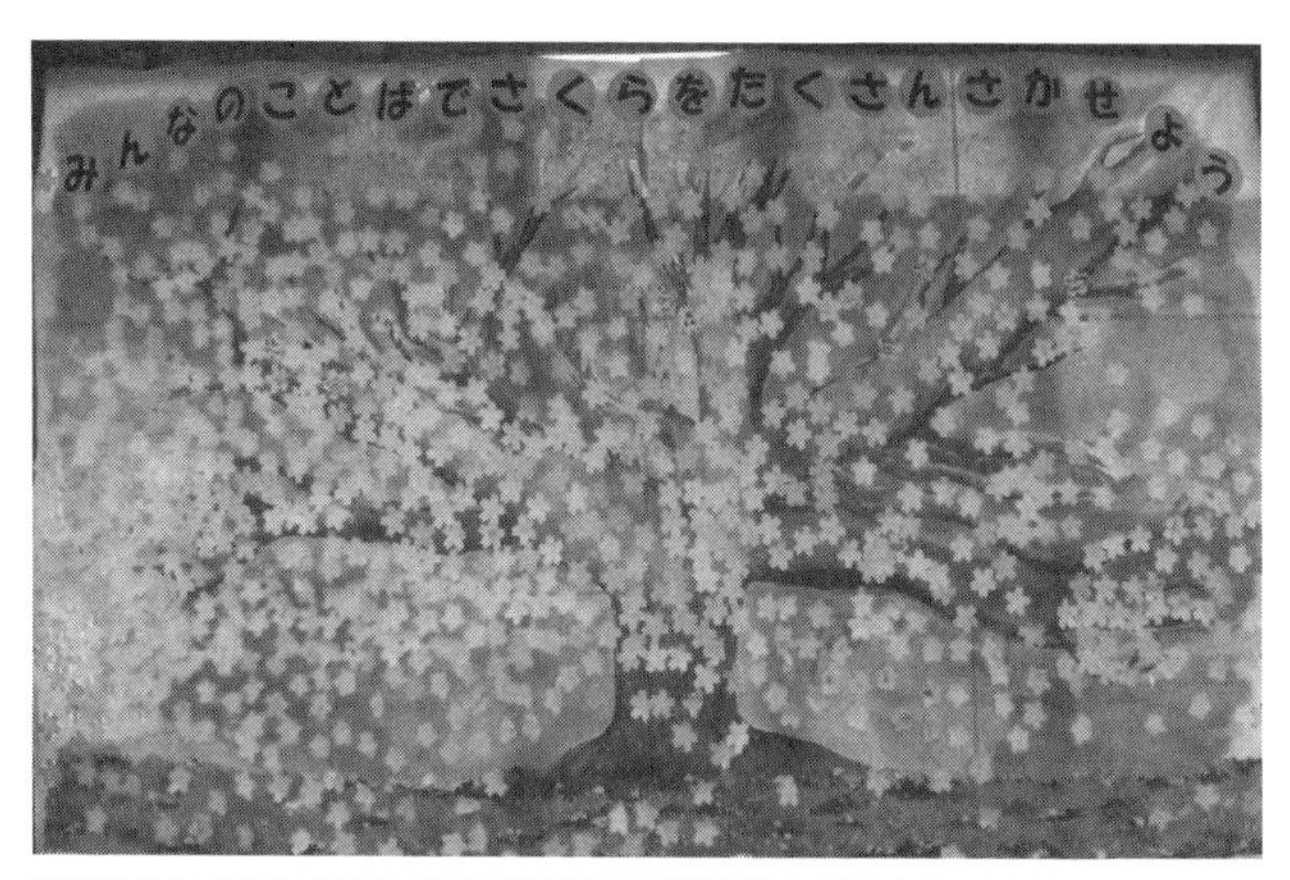

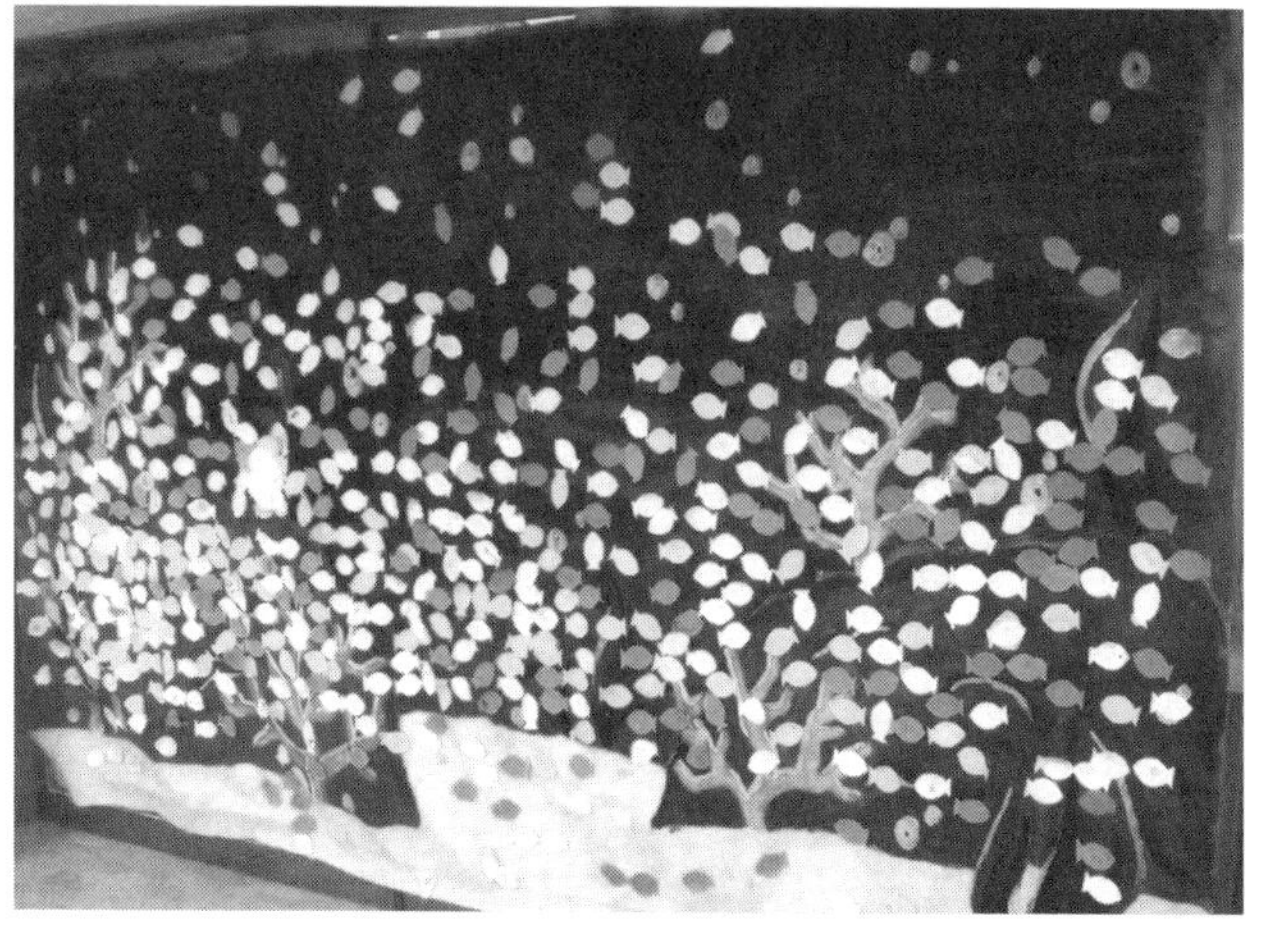

玄関近くに貼ってある〝ほめボード〟は季節に合わせて衣替え。
保護者も子どもも職員も立ち止まって読みふける

ら園児へのメッセージなどなど。

他にも、園児が自分自身へ向けて書いたり、保護者がわが子のお友達に向けて書いたり、中には見学に来てくれたよその園の先生が谷里保育園に向けて書いてくださることもあります。メッセージだけでなく、「運動会では玉入れを頑張りたい」という自分の目標や、かなえたいこと、やってみたいことを書いてもＯＫ。とにかくプラスの気持ちになることを書いていこうというのがこの〝ほめボード〟です。「月に何枚書きましょう」といった決まりはまったく無いのですが、ボード脇においてあるカードはどんどん使われて、新しい〝ほめボード〟を貼ってから2カ月もたたないうちに大きなボード一面がカードでいっぱいになります。

私がちょっと工夫しているのは、いっぱいになった古いボードを取り外してから、次のボードを貼るまでわざと間を空けておくこと。ずっと貼りっぱなしだと〝ほめボード〟の存在が当たり前になって、書きたい気持ちが湧き上がってこなくなってしまうからです。

1カ月くらいたつと園児たちが、「先生、新しいの、まだなの？」と聞いてきます。

「あら、○○ちゃん、書きたいことがあるの？」
「うん。お友達に書きたい」
「そうかあ。じゃあ園長先生、また〝ほめボード〟を作ろうかな。今のうちに書きたいことをいっぱいためておいてね」

本当はもう、次の〝ほめボード〟はとっくに職員が仕上げてくれているのですが、そこは作戦。あえて子どもたちからの声を待っています。大人が道を敷くのではなく、子どもたち自身に「書きたい」「伝えたい」という気持ちを大事にしてほしいから。私たち職員が〝ほめシート〟を書き合ったときに感じたように、「ほめられるとうれしいな」「お友達をほめると自分の心もあったかくなるな」という気持ちに気付いてもらいたいからです。

ちなみに〝ほめボード〟をどこに貼るかについては随分悩みました。現在、〝ほめボード〟を貼っている場所は、玄関を入ってすぐの一面ガラス貼りの壁。ここから太陽光が差し込んでくるおかげで、園舎の入り口は一年中明るいのですが、そこへ壁全体を覆うように天井から床まで模造紙を貼ったら、当然今までよりも建物の中は暗くなってしまいます。

でも、いつでも誰でも目につくところに貼っているからこそ、子どもも保護者も〝ほめボード〟の前で足を止めてくれるはず。普段はお互いに顔を合わせる機会が少ない保護者同士も、「○○くんのお母さん、こんなすてきなメッセージを書かれるかたなのね」「○○ちゃん、うちの子とよく遊んでいると先生が報告してくれるけど、こんな子なんだ」と、プラスの発見をしてくれるはずです。建物内が少々暗くなってしまうことは諦めて、入り口の特等席に〝ほめボード〟を貼ることに決めたのでした。

今では〝ほめボード〟はすっかり園の顔。職員もボードの絵とカードのモチーフを「運動会と玉入れ」「クリスマスツリーと星」というふうに年に5回ほど、季節ごとに変えてくれていて、私も「次はどんな〝ほめボード〟が登場するのかな？」と毎回楽しみにしています。

「ほめ育で小さなナンバーワンになる」と宣言した日

子どもたちへのほめ育を始めてから2カ月が過ぎた、6月28日。八田さんの企画で、全国から十数人の保育園・幼稚園の理事長・園長が集まる、シークレットセミナーが開かれました。私はそれまでの数年間に別のいくつかのセミナーに参加して、ほかの先生たちの姿から、決断力、見抜く力、情報力など、園長として必要なたくさんのことを学んできましたから、このときも勉強させていただこうという気持ちで出掛けていきました。

このセミナーで、未来につながる自園の取り組みを5分ほどで発表するという課題が出されました。皆さんバイタリティに溢れたかたばかりですから、気後れするような人は誰もいません。みんな一番に発表したがり、じゃんけんで発表順を決めることになりました。実は私は、もともと大勢の前で発表するのが苦手です。次章で詳しく述べますが、自分に対して自信が無く、セミナーでも最前列に座るようなタイプではなくて、端のほうでおとなしくしているのが常でした。

しかし、今回は自分でも、気持ちがどんどん高揚してくるのが分かるのです。このときのテーマは「小さなナンバーワン」。自園で「これがナンバーワンだ」と思える取り組みを一人ずつ発表していくことになったわけですが、これこそほめ育を伝えられる絶好の機会！何が何でも、この場でほめ育のことを話したい。普段、谷里保育園の職員の前で、「積極的に自分の意見を発表しよう」と言っているのに、ここで尻込みしてどうするの。どの園長よりも早く、ほめ育のことを発表しないと、私の本気を伝えられない気がします。

そんな、自分でもうまく説明できない何かに突き動かされ、見事じゃんけんで一番目を勝ち取った私は、緊張感と高揚感に包まれながら壇上に立ちました。

「今年度から谷里保育園では、『ほめ育』を導入しています。ほめ育というのは、ビジネス業界で採用されている『人をほめて育てる』という人材育成法のことで、谷里保育園は保育・教育機関として日本で初めて、ほめ育を導入しました……」


このころはまだ、子どもたちへのほめ育も職員へのほめ育も成果が出たり出なかったり、一歩進んではまた一歩下がりを繰り返している状況でした。私自身も、今ほどほめ育の考えを身に付けられていたわけではありません。それでも、毎日の園生活にほめ育の考え方を取り入れていること、ほめ育を進めるために職員が悩みながらも頑張っていること、ほんの少しずつだけれど職員や子どもたちに変化が出てきていることを一生懸命語り続け、「このほめ育で、谷里保育園は変わってみせます」と宣言して発表を終えました。

ここで宣言したことで、私の中にも一つの覚悟ができたように思います。他の園長たちの前であれだけ本気で言いきったのだから、「やっぱりうまくいきませんでした」では済まされない。何より、恥ずかしい。うまくいかなかったらどうしようと心配するより、うまくいく方法を考えて行動しよう！　そんな背水の陣で挑む覚悟も、ほめ育を進める気持ちを強く後押ししてくれました。

〝きらきらシート〟のパワー①…保護者がプラスのことに目を向けてくれた

うれしいことに、このセミナーを終えたころからほめ育の成果が少しずつ見られるようになってきました。最初の成果は、保護者の変化です。

4月から、毎日の連絡帳を月2回の〝きらきらシート〟に変更して以来、職員が書くメッセージは内容が大きく変わりました。これまでは「みんなでプールを楽しみました」といった、単なる報告で終わっていたところを、「夏の初めは水に顔をつけるのが嫌で泣いていましたが、すっかりもぐれるようになりました。もう顔も洗えるし、もうすぐ頭も自分で洗えるかな？」と、その子の具体的な成長や、これからに期待するコメントを書くようになったのです。

すると、保護者からわが子へのコメント欄に書かれる内容もどんどん前向きなものに変わってきました。

「先生のメッセージを見て、さっそくその日自分で頭を洗ってみたら、すごく上手にできました。いろいろなことができるようになってくるね。これからもママと一緒に頑張ろうね」

「保育園ではお友達に物を貸してあげられているんだね。おうちではまだ弟とけんかしちゃうことが多いけれど、少しずつ優しいお兄ちゃんになれるかな？　ママも期待しているよ」

前にも書きましたが、これまで、保護者からの返信欄は「先生は園ではこんなことができたと書いてくれるけど、家ではできません」という悩みが書き込まれることがとても多かったのですが、〝きらきらシート〟に変えてからはマイナスのことを書いてくる人がほとんどいなくなりました。

もともとお母さんたちには、プラスのことよりもマイナスのことのほうが〝聞くモード〟

が高まる傾向がありました。半日近くわが子と離れているわけですし、私も自分の子どもを保育園に通わせていた身として、お迎えに来たときに「不都合は無かったか」と職員からの報告を気にする心情はよく分かります。しかし職員に対してだけでなく、子どもに聞くことも「先生に怒られなかった?」「給食で嫌いなものが出なかった?」「お友達とけんかしなかった?」など、マイナスの質問を連発。そこで子どもが「今日は砂場でお山を作って、とっても楽しかったんだよ」と言っても「ふーん、そうなの。よかったね」で終わってしまうのです。

すると子どもが話す内容も、自然とマイナスのことが多くなります。でも、自分の話をすると最終的には怒られるのがオチ。そこでいわば「会話のネタ」として使うのが、お友達の話題です。

「今日〇〇ちゃんが、お昼寝の時間ふざけて先生に怒られてた」

「△△くんが××くんのことたたいてたよ」

お友達だけでなく、職員が話題に上ることもあります。

「〇〇先生が△△先生に叱られてるところ見たの。〇〇先生、泣いちゃってた」

こんな話題があると、昨今ではあっという間にＬＩＮＥ（ライン）やメールで話題が広まり、翌日には尾ひれがついた状態で保護者全員がその話題を知っている、ということも珍しくありません。

こんな状態では、子どもたちに人の粗探しをする目を養わせているようなもの。どうにかしたいと思っていたのですが、〝きらきらシート〟が大きくひと役かってくれました。〝きらきらシート〟はその子が「どんなところを」「どんなふうに」楽しんでいて、「どんな成長があったか」ということに焦点を当てたものです。私たち職員も、「シートに書きたい」と思ったことがあったら、忘れないようすかさずメモに書き留めます。

これまで子どもたちから楽しい話題を聞いても「楽しかったなら、それでいいわ」と受け流していた保護者が、〝きらきらシート〟を通して園とのやりとりを重ねることで、子どもとも園とも楽しい話題を膨らませていける、そんな視点を身に付けていってくれたのでした。

〝きらきらシート〟のパワー②…職員たちに生まれた保護者への配慮

一方、毎日の連絡帳書きが無くなった職員たち。一見ラクになったように思えますが、代わりに毎日ホームページに園児たちの園での様子をアップする、「〝きらきらシート〟に書きたい」と思った出来事は忘れないうちにメモに残しておくなど、〝きらきらシート〟の取り組みをうまく進めていくための地道な努力が始まりました。

そして、連絡帳に頼れない分、職員がいかに保護者と適切にやりとりするかという、新たな課題が生まれたのです。報告できる時間は、お迎えのときのわずかな間だけですから、何でもかんでも言えばいいというものではありません。目の前の保護者が、今、自分の子どものどんなところを知りたいと思っているのかを見極めて、ポイントを絞って伝える必要があります。保護者一人ひとりの性格や場面によって、言葉の選び方も変わります。

先日、こんなことがありました。朝、わんわん泣きながら園に入ってきたCちゃん。お母さんもちょっとイライラしている様子です。朝の支度で揉めてしまったのか、来る途中で親子げんかをしてしまったのか、きっとうまくいかないことがあったのでしょう。

夕方、仕事を終えたお母さんがお迎えに来ました。もうすっかりいつもの優しい表情に戻っています。そこへ担任が来てこう言ったのです。

「あっ、お帰りなさい。今朝、Cちゃんすごく泣いてましたけど、今は大丈夫です……」

このとき、Cちゃんのお母さんがどんな気持ちになったか、本人に聞いたわけではないので確かなことは分かりません。でもきっと、このお母さんは仕事をしている間も朝のことが気がかりだったでしょうし、「今朝はいっぱい叱っちゃったな」「お迎えに行ったら思いっきり、ぎゅーっとしてあげよう」「『朝はごめんね』って言ったら、仲直りできるかしら」と気持ちを切り替えてお迎えに来てくれたはずです。園に着いたころには、頭の中はわが子と笑顔で抱き合う幸せなイメージでいっぱいになっていたことと思います。しかしお母さんを迎えたのは開口一番、「今朝、Cちゃんすごく泣いてましたけど……」という担任の言葉でした。

担任に悪気はまったくありません。でも、おかげで幸せなイメージはぶち壊し。お母さんは朝の出来事を思い出し、先生たちに迷惑を掛けて申し訳なかった、自分も恥ずかしいところを見せてしまったという気持ちでいっぱいになってしまったことでしょう。

結局この日、Cちゃんのお母さんは「すみません、すみません、ご迷惑をお掛けしました……」と、たいへん恐縮した様子で帰っていってしまいました。


また、お迎えに来てくれた相手によっても、どこまで伝える必要があるかは変わります。

例えばお母さんの仕事が忙しく、今日だけおばあちゃんがお迎えに来てくれた場合。たまに、そのおばあちゃんに向かってまで、お母さんのときと同じように細かい報告をする職員がいるのですが、これも無意味なことです。

意味が無いだけならまだしも、うっかりお姑さんに余計なことまで伝えてしまうと、問題をややこしくしたりします。次の日、お母さんがキリキリした様子で「報告するなら私にしてください！」と言ってきたことも、一度ならずありました。職員には何が良くなかったのかアドバイスをし、それ以後、同じことを繰り返さないよう指導しますが、まずい対応をしてしまったことは保護者の記憶に残ります。

「とにかく伝えなくちゃ」ということだけに必死になり過ぎて、相手のことを考えられていない報告は、報告と呼べません。〝ほめシート〟や〝感謝シート〟を書くときにも大切にしている、相手の気持ちに寄り添う気持ちが大切です。

「このお母さんは、今どんなことを気にしているのだろう」

「どんな言葉を掛ければ、その気持ちに応えられるだろう」

「朝、お母さんの様子がいつもと違ったな。帰りに声を掛けてみよう」

　保護者のほうでも、ここまで自分のことを真剣に考えて声掛けをしてくれた職員に対しては信頼が生まれるものです。そこで、週1回の職員会議ではいろいろな事例を出して、「こんな場面で、あなただったら保護者にどう対応しますか？」というグループワークをしています。園長から個人的に指導されるよりも、仲間と切磋琢磨して学ぶほうがより身に付いていくように見受けられました。

「連絡帳に書いたから、それでいいでしょ」という逃げ道が無くなった今、自分の口で伝える報告がすべて。その思いから、職員たちから保護者へのきめ細かい配慮が生まれてきたことも、〝きらきらシート〟による変化の一つです。

〝きらきらシート〟のパワー③…子ども本来の姿をほめられるようになった

ここまで、本園オリジナルの〝きらきらシート〟の効用を二つご紹介しました。しかし、いちばんの大きな変化は、職員も保護者も「子どもの本来の姿」をほめられるようになったことだと思っています。

普段、大人が子どもをほめるのは、どんなときでしょうか。もちろんいろいろな場面がありますが、自分にとって都合の良い行動をとってくれたときがいちばん多いのではないかと思います。「じっと座ってお話が聞けて偉かったね」「静かにしていられてお利口さんだったね」などなど。

ほめること自体は良いことだけれども、子どもの育ちにとって本当に大切なのは、静かに話を聞けるかどうかではありません。その後、聞いた話を元に、自分の力で実際の行動に移せるかどうかです。私たち職員は、その実際に行動に移せた事実を見逃さず、〝きらきらシート〟に書き込むことを心掛けてきました。

また、かすり傷をつくってしまったときや、お友達とけんかをしてしまったとき。ほめ育を始める前は、連絡帳でご家庭に細かく報告して「申し訳ありません。今後このようなことがないように気を付けます」と書いてきました。

でも、本当にちょっとした傷もつくらないようにしようと思ったら、園庭で走り回って遊ぶことを禁止しなければなりませんが、そんなことは保育の本質から外れています。また、叩いたり物を取り合ったり、けんかをするといった経験の中で社会性を学んでいくのが本来の子どもの育ちです。そう考えると、大きなけがや目に余るけんかをした場合は別ですけれども、子どもが自分で親に説明できる程度の些細な報告をわざわざ大人同士がやりとりする必要は無いはずなのです。

それでも基本的にはお迎えのときに口頭で報告するようにしていますが、うれしいことに今では「そんな些細なことまで報告してくださらなくても大丈夫ですよ」と言ってくれる保護者も増えてきました。また、子ども本人がお母さんに向かって、「見て！　逆上がりを練習してたら、擦りむいちゃったの。頑張ったんだよ！」と言う姿も見られるようになってきました。すると、以前は「ケガをしちゃってかわいそうに」という表情だった保護者たちも、今では「チャレンジした証だね、すごいね！」と前向きに受け止めてくれるようになったのです。

ほめ育を始める前だったら、こんなことは考えられませんでした。〝きらきらシート〟のやりとりを重ねる中で、大人の都合ではなく子ども本来の育ちを応援する視点が、職員にも保護者にも自然と身に付いてきたからこその変化です。

吸収力が高い子どもたちは、「できるよ」「こうしたらもっと良くなるよ」という言葉を毎日浴びせられたら、「僕はできる」「私はもっと良くなれる」と思いながら育ちます。でも、「そんなの無理よ」「危ないからやめなさい」とばかり言われていたら、「どうせやらせてもらえない」「大人に何か言っても無駄なんだ」「だったら言われたとおりにしていればいいだけだ」と思ってしまいます。

子ども本来の姿をほめるというのは、「これは何だろう？」と楽しむ気持ちや、「もっとやってみたい！」とワクワクする気持ちを応援するということです。一つひとつは小さな言葉掛けだけれど、その言葉が子どもたちのやる気の源を大きく育ててくれる。〝きらきらシート〟を導入して半年がたったころから、そんなパワーを感じるようになりました。

子どもたちの成長を保護者と喜び合った秋の懇談会

朝の会から帰りの会まで、一日を通して園生活の中にほめ育を取り入れる。職員や親からプラスの言葉をたくさん掛けてもらう。周りの大人たちもお互いを思いやる言葉のやりとりをする――。園生活の中で自然とほめ育に触れて、子どもたちは、どんどん変わっていきました。

ほめ育の生みの親・原さんがよく使う言葉に〝ほめシャワー〟というものがあります。これは、ほめ育の原理をシャンパンタワーに見立てたもの。いちばん上のグラスが自分自身、下のグラスが周りの人たちだとすると、自分のグラスにシャンパンがなみなみ注がれて、溢れ出ないことには、周りの人のグラスにシャンパンは入っていきません。自分自身が満たされないことには、周りの人を満たすことはできないという例えなのですが、ほめ育を導入して半年がたったころから、職員も、保護者も、子どもたちも、自分のグラスからちょっとずつシャンパンが溢れ始めてきたような気がします。

ちょうどこのころ秋の懇談会があり、このとき初めて私は保護者の前で、「ほめ育とは何か」について話しました。これまでほめ育についてあえて多くを語らずに進めてきた分、お母さんたちにしてみたら、わが子がなぜこんなに急激に変わったのか、その種明かしをされた気分だったことでしょう。そして、懇談会の最後では保護者にわが子への〝ほめシート〟を書いてもらい、その場で読み上げてもらったのです。

「いつもごはんをたくさん食べてくれてありがとう。『いただきます』と『ごちそうさま』のごあいさつも上手だね」

「赤ちゃんのころから、誰に抱っこされても泣かなかった〇〇ちゃん。誰にでも笑顔で手を振って、仲良くできることは本当にすごいことだよ」

「パパとママに『お仕事頑張ってね』とお話ししてくれてありがとう」

「いつもご機嫌で、家族みんなに元気をくれてありがとう」

わが子への想いを読み上げながら、保護者たちはみんな涙が止まらなくなっていました。私も、この半年間でびっくりするほど成長した子どもたちの姿や、一人ひとりの頑張りをあらためて思い出して、思わずもらい泣きをしてしまいました。

そんな中でも、いちばん大きく成長したのはぞう組の子どもたちでした。そう、あの自分中心で、周りが見えない子が多かった年長組です。

「園長先生へのお土産」で溢れた卒園遠足

卒園を目前に控えた2月24日。年長組の子どもたちにとって園生活最後のイベント・卒園遠足の日です。行き先は東京タワー。電車を乗り継ぎながら出掛けていき、タワーでは階段を使っててっぺんまで歩いて上るというのが谷里保育園のチャレンジです。私はその日、他の仕事があったため同行せず園に残っていました。

夕方になって、最寄り駅で園児たちを迎えた園バスが戻ってきました。あ、帰ってきたな。そう思っていたら、十数人の園児たちが職員室の扉をガラッと開けて、「園長先生いますかー?」と、私のほうに向かってきました。子どもたちの手にはビニール袋。

「はい、園長先生どうぞ!」

そう言って、袋を次々に渡してくれます。ポストカード、マスコットのぬいぐるみ、ボールペン、ピンクの大きなハートのキーホルダーなんて三つも同じものが……。全部、私へのお土産でした。


卒園遠足では子どもたちに「自分にでも、お母さんお父さんにでも、誰にでもいいからお土産を買っていいよ」と話して500円玉を1枚ずつ渡しています。前年も、その前の年の年長さんにも同じようにしてきました。しかし、園長にお土産を買ってきてくれるだなんて、こんなことは園始まって以来の出来事でした。

ぞう組の子どもたちがお部屋に戻った後、担任が「もう、みんな『園長先生に買うんだ』と言って、聞かないんですよ」と話し掛けてきました。4月当初、「この子たちをどうほめたらいいか分からない」と言っていたあの職員です。「最後は私のほうが必死になって、『みんな、自分のために買っていいんだよ。せっかくの500円なのに、本当に園長先生のお土産に使ってしまっていいの？』と何度も確認したくらいなんです。でもどうしても聞かなくって……」と苦笑い。

言うまでも無いことですが、1年前のぞう組のままだったら、こんなことは有り得なかったでしょう。他の人の笑顔を見ることで、自分も幸せな気持ちになれるというほめ育の教えを、子どもたちがちゃんと身に付けたのだ。そのうれしさをかみしめた瞬間でした。

余談ですが、このときポストカードをくれた子には、その子が小学校1年生になった夏休みに、そのポストカードを使っておたよりを書きました。すると1週間後、「先生、僕の買ったポストカードを使ってくれてありがとうございました」とわざわざ園まで言いに来てくれたのです。「えっ、園長先生に買ってくれたこと、覚えていたの？」そう聞いたら、「もちろん！」とにっこり笑ってくれました。

大変身した、ぞう組のDちゃん・Eちゃん

ぞう組の大きな変化を振り返ったときに、私が決まって思い出すのは二人の女の子の姿です。

一人目は、クラスのボス的な存在だったDちゃん。リーダー気質と言えば聞こえはいいですが、気が強い余りに自分の気に入らない子をグループから外したり、お友達に「バケツ取ってきてよ！」と命令して使いっぱしりのようにしたり、おとなしい子を陰で泣かせてみたり。とにかく一筋縄ではいかず、私はDちゃんへの対応に悩んでいました。

しかし、ぞう組の担任はDちゃんにも「どんなほめ言葉を掛けてあげられるかな？」とちゃんと考えてくれていました。他の子よりも考え方が大人びていることと、発言力があってとてもしっかりしていることを逆手に取り、何かとDちゃんを頼りにするようにしたのです。

「Dちゃんすごいね、はさみを使うのが本当に上手。お友達にも使い方を教えてあげてくれる？」

「教え方がすごく上手だね。ありがとう、先生助かったわ」

　すると、みるみるうちに面倒見の良いお姉ちゃんへと変身していったのです。０歳児クラスにお手伝いに行くときなどは、エプロンをかけてあげて、食べさせて……と、新人保育士よりも上手にするくらい。しかも報告・連絡・相談のホウレンソウがすごくしっかりしていて、「園長先生、言われたお手伝い終わりました。次、何かありますか？」とまで、自ら言ってくるのです。

　ぞう組の担任はすかさず、Ｄちゃんのお母さんにもこの大活躍ぶりを伝えました。

「いつも私のお手伝いをしてくれるんですよ。この間は泣いていた子に『どうしたの？』と声を掛けてくれました。優しい気持ちが育ってきましたね」

　Ｄちゃんのお母さんは、どちらかと言えばクールなタイプ。初めのうちは黙って担任の報告を聞いていましたが、お迎えに行くたびに語られるわが子の姿に、次第に顔がほころぶようになってきました。そしてある日、「先生、本当にありがとうございます」と言ってくれたのです。

　きっと、Ｄちゃんのお母さんは心のどこかで「うちの子、大丈夫かしら」「お友達に嫌な思いをさせていないかしら」と常に気に掛けていたのだと思います。Dちゃんがクラスの良きリーダーになるほどに、お母さんの表情もどんどん明るくなってくるようでした。

二人目は、のんびりやのEちゃん。笑顔がとてもすてきな女の子ですが、Eちゃんのお母さんは、いつも周りの子よりワンテンポ遅れてしまうわが子のことが心配でたまらなく、その反動からか、常にマイナスの言葉をEちゃんに掛けていました。

「なんで上手に走れないの？」

「なんでお友達の気持ちを考えられないの？」

担任も、こんな相談を持ち掛けられたことがあるそうです。

「うちの子は足が遅いですから、リレーでみんなに迷惑を掛けないか心配です。出ないほうがいいんじゃないかしら……」

本当はEちゃんのことが大好きなのに、向き合い方が分からずもがいているお母さんの姿は、苦手意識を持っている職員のことをどうほめればよいか分からなかった、少し前の私とよく似ていました。

そこで私は、ほめ育の考え方をEちゃんのお母さんに詳しく説明することにしました。成長が遅い子、早い子、いろいろな子がいること。一気に高いレベルを求めるのではなく、今できることに目を向けること。

Eちゃんのお母さんは真面目に私の話を聞いてくれ、次の日から自分がEちゃんにどんな言葉を掛けたか、Eちゃんは何ができて、何ができなかったのかをノートに取るようになりました。すると、次第にお母さんの掛ける言葉が変わってきたのです。

「疲れたって言わずに、ちゃんと歩けたね」

「お友達におもちゃを貸してあげられて、お友達はとってもうれしかっただろうね」

Eちゃんも断然ポジティブで積極的になってきて、かけっこや職員のお手伝いなど、いろいろなことにチャレンジするようになりました。

卒園間近に、Eちゃんのお母さんはこんなふうに語ってくれました。

「ほめることそのものよりも、ほめることで私と子どもの間に生まれる、言葉にできない温かい関係が大事であることに気付きました。これからもほめ育を大切にしていきたいと思います」

小学校に上がったEちゃんは、先生のお手伝いをよくしてくれる、頼もしいお姉さんになっているそうです。

そして園全体がハッピーになった

ほめ育を導入して1年たった、2017年3月8日。谷里保育園の「卒園を祝う会」の幕が開きました。

家族への感謝のメッセージの発表は、この年初めて「祝う会」に加えたプログラムでした。ほめ育を1年間実践してきた集大成として、子どもたち一人ひとりが感謝の言葉を発表するステージをつくったのです。

「ママ、私と妹を産んでくれてありがとう」

「ママとパパ、いつも僕のために頑張ってくれてありがとう。次は、僕がママとパパを守るからね」

涙ながらに感謝の言葉を伝える子どもたちを職員とともに見守りながら、私は「この子たちって、本当に幸せだなあ」という思いをしみじみかみ締めていました。こんなにも心からの感謝の気持ちを伝えたい、お母さんお父さんがいること。保護者もその言葉を聞きに来てくれて、また同じように涙してくれること。

何より、こんなに大勢の人の前で、自分の気持ちを声に出して伝えられるその素直さは、大きくなったときにもずっとその子の糧となってくれることでしょう。お母さんたちもこの先、子育てで大きな波にもまれたとき、今この瞬間にわが子が言ってくれたことがずっと心の支えになっていくと思います。

「お友達が〇〇してくれない」「ママが〇〇してくれない」と、いつも相手から与えられる幸せばかりを求めるのではなくて、自分から行動を起こせる子になってほしい。自分で幸せをつかめる子になってほしい。1年前、何かというと「〇〇ちゃんがいけないんだもん!」と言っていたぞう組の子どもたちを見て、私が願っていたことです。ぞう組の子どもたちは見事にその期待を超えてくれました。

自分から行動を起こせる子、幸せをつかめる子、未来に夢を持てる子は、その場にいるだけで周りに良い影響を与えられます。「あの人がいるだけで、何だか空気があったかくなるな」「あの人になら何でも話しやすいな」と思われる大人に育ってほしい。谷里保育園で、ほめ育のパワーを受け取った子どもたちなら、きっとそれができると信じています。

園全体がハッピーになった谷里保育園ではこれからも、子どもたちも職員もお互いに認め合い、ほめ言葉をたくさん交わしながら毎日の園生活を送っていきます。たった1年で奇跡のような変化を起こしてくれたほめ育――。この園から巣立つ子どもたちは、この先さらに大きな成長を見せてくれることでしょう。

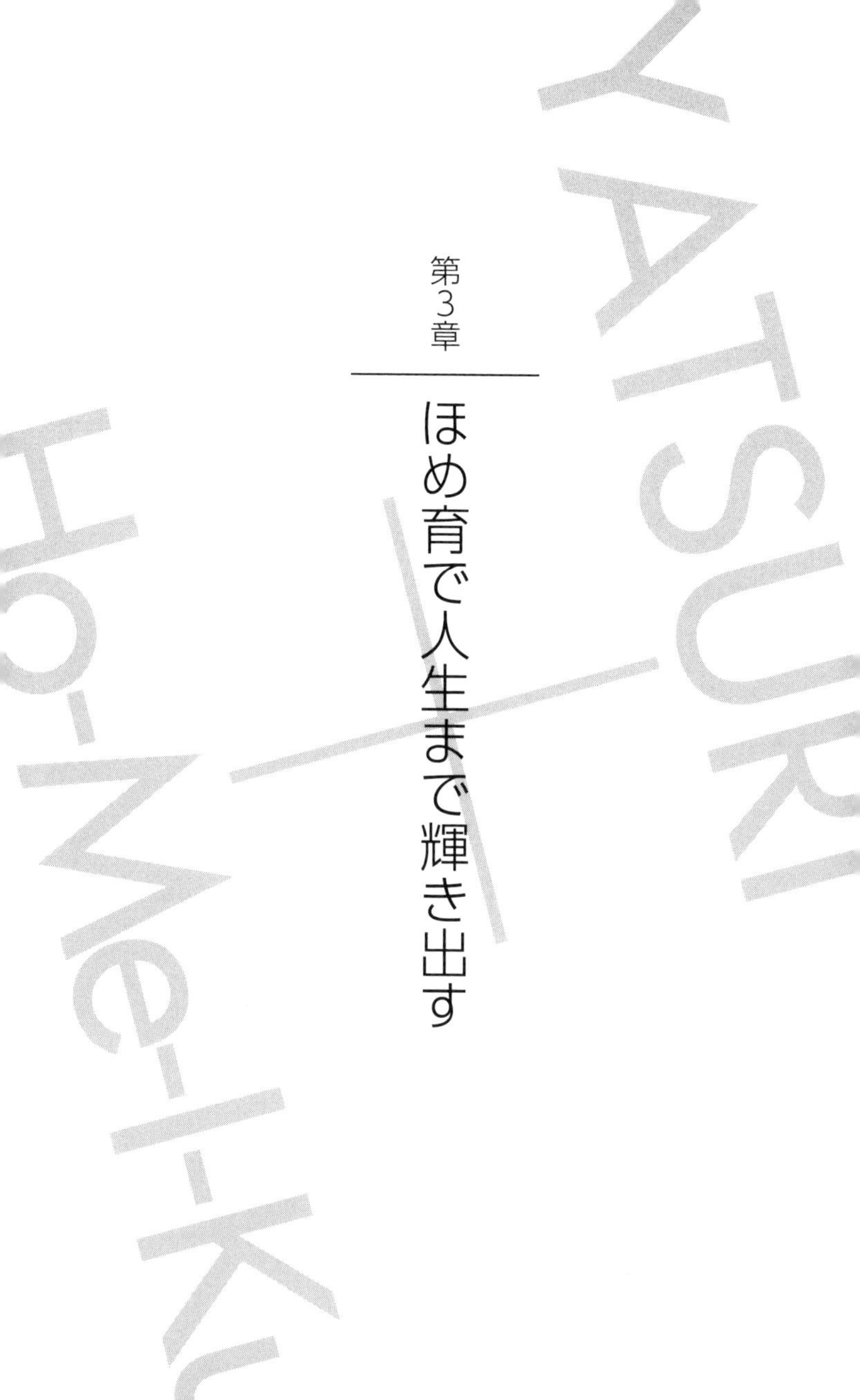

第3章

ほめ育で人生まで輝き出す

ずっと自信が持てなかった私

最後に、ほめ育を始めてから私自身にどんな変化があったか、個人的な話題も入りますが少しお話ししたいと思います。

私が保育士になったのは1987（昭和62）年。谷里保育園とは別の園に新卒で入りましたが、職員たちの上下関係は今とは違ってずっと厳しい時代でした。

例えば階段を上がるとき、上から先輩職員が下りてきたら後輩はどんなに急いでいても、先輩が下りきるまで階段の下で待っていなければなりません。ちょっとした嫌味や意地悪も日常茶飯事。「週末はどこに行ってたの？」と聞かれたので、「買い物に行きました」と素直に答えたら、「ふーん。だから週の初めからそんなに疲れた顔をしてるのね」と言われたこともありました。

同い年くらいの職員たちは毎日誰かしら泣きべそをかいていて、自分のことで精いっぱい。

職員同士でお互い認め合ったりほめ合ったりすることとは無縁の環境でした。たまに、どうしても先輩のやり方に納得がいかないことがあって質問をしようものなら、「いいから黙って私が言った通りにやりなさい！」と叱られます。

保育士としてのスタートがそんな環境だったせいもあってか、私はずっと自分に自信が持てませんでした。ですから責任ある立場の園長になるつもりなど、実は毛頭無かったのですが、今から13年前の２００５（平成17）年4月、谷里保育園の前園長が退職して別の園に移ると決まったことから降ってわいた人事でした。しかも内示を受けたのは同じ年の1月。前園長から「白相（しらそう）さん、この4月から園長になってもらうから。理事会で決まったからよろしくね」と言われたときは、もう頭が真っ白になって何も考えられなくなってしまいました。

園長になっても試練は続きました。下地が無いのに、いきなり園の経営のことを考えなければならない、会計書類作りもしなければならない。やっとの思いで作った書類に不備があったら「性格が適当なのかもしれないね」、計算を間違えたら「しっかりしてくれないと困るね。補助金を何だと思っているんだろう」と、私の失敗がいろいろなところで話題になったと後で聞かされたこともあります。たくさんの失敗は、今となっては私の財産です。こうした言葉の数々も30代の若い園長への叱咤激励だったのかもしれませんし、言うほうだって心を痛めながらも、苦言を呈してくれていたのかもしれません。しかしこんなふうにプラスに考えられる自分に変わったのは、それこそほめ育を始めてからのこと。当時は正直、堪えました。

園長として「肝の座った自分」になった

そんな私の自信の無さは、職員への態度に露骨に表れていました。

前にも書いたように、特に何かトラブルが起きたときや、ちょっと苦手意識を持っている相手に対してはどうしても責めるような言い方になってしまいます。自分は、職員に対して嫌味な態度を取りたくない。ひどい口のきき方はしたくない。しかしその思いとは裏腹に、どうしてもこれまでされてきたのと同じように職員に接してしまう自分がいました。そんな自分を変えたいけれど変えられない。だから余計に自信が持てなくなるという悪循環に陥っていたと思います。

それから、こんなことを白状するのは恥ではありますが、以前の私は職員が誰かにほめられている光景を見ても、素直に「うれしい」と受け止められませんでした。

例えば発表会や卒園式で、保護者が「先生、ありがとうございました！」と、年長組の担任に感謝の言葉を掛けているとき――。「やっぱり、担任のところに感謝の言葉が集中するのね」「私や主任だって頑張っていたのに」「園長の頑張りが認められることって無いんだな」という、うじうじした思いが先行していたのです。本当に未熟ですよね。

けれども今は、職員がほめられると、自分がほめられたとき以上の喜びと幸せを感じます。そして、職員が保護者や子どもたちからたくさん感謝の言葉を掛けてもらえるように、職員たちが安心して働ける環境をつくること、何かあったら職員たちを全力で守ることが園長としての役目だと思うようになりました。たとえ困ったことが起きたとしても、「大丈夫大丈夫、一緒に考えて必ず良くなるようにしよう」「もし何かあったら私が出て行くから、心配いらないわよ」と声を掛けられるようになったのです。

同時に、保護者からの意見や要望も、真正面から受け止められる自信がついてきました。みんなわが子を大切に思っている保護者だからこそ、職員の元にはいろいろなお願い事や意見、要望が寄せられます。以前はその思いを私のほうが受け止めきれず、「今度は何を言われるんだろう」とビクビクしてしまっていたときもあったのですが、今は「保護者が私に不安をぶつけてきてくれた」と、どっしり構えていられるようになってきたと思います。

そんな私を見て、谷里保育園のほめ育を見守り続けてくれる原さんも「白相先生、肝が座った感じがするなあ。覚悟を持ってやっている感じがしますよ」と言ってくれました。1年ぶりに顔を合わせた別の園の先生に「本当に変わったよね、白相先生。何か輝いてるよ」と言われたこともあります。ああ、1年間頑張ってきたことが、ちゃんと自分の身に付いているんだ。自分をとても誇らしく思えたと同時に、「やっぱり人からほめてもらえるって嬉しいし、やる気が出るな」と、ますます実感したのでした。

家族や店員さんにもほめ育を実践

プライベートにも変化がありました。実は最初の研修のときから、原さんには「ご家庭やプライベートでもほめ育を実践してみてください」と言われていたのですが、なかなか実践できずにいました。だって、成人したわが子に〝ほめシート〟や〝感謝シート〟を渡すだなんて想像しただけで気恥ずかしいし、どんなタイミングで渡せばいいかも分かりません。

しかしある日、意を決して息子と娘の机の上に〝ほめシート〟を置いてみたのです。娘は「ママ、何これ？ 笑っちゃうー」と大笑い。息子に至っては反応ゼロでした。やっぱり駄目だったかと思いつつ、白紙の〝ほめシート〟を「あなたたちもお母さんに書いてよ」と手渡してみました。

すると2週間後、娘が〝ほめシート〟を書いてくれたのです。今でもお守りのように持っているその〝ほめシート〟には、こんなことが書かれていました。

「最近、ママがすっごい変わってきたと思う。活気とやる気に溢れ、パワフルです。ほめ育って何なのか私にはよく分からないけど、ママの言葉が今までとは全然違って聞こえます。世界一の園長になれ!! 私も将来、ママを超える保育者になれるよう、頑張るね」

息子からはさすがに〝ほめシート〟の返事はありませんが、ある日LINE（ライン）でやりとりをしていたら、何かの拍子に「あんまりほめると、おれ調子に乗っちゃうぜ」という一文が書かれていました。〝ほめシート〟がうれしかったというメッセージかしら。そう思ってクスッと笑ってしまいました。

もう一人、私がプライベートでほめ育を実践した相手がいます。自宅の近所にあるスターバックスの店員さんです。

ほめ育を始めてまだ間もないころ、〝ほめシート〟がなかなか埋まらないとき、研修の報告レポートのまとめ方に悩んだとき、いつもこのスターバックスでコーヒーを飲みながら、ほめ育と向き合ってきました。だいたいいつも2～3時間は居座っています。この店にはいつでも丁寧に接客してくれる男性の店員さんがいたので、その人に〝ほっめいし〟を手渡そうと思ったのでした。

〝ほっめいし〟とは、〝ほめシート〟と〝感謝シート〟をもっと手軽にした、名刺サイズのカードです。相手への感謝の気持ちや、尊敬するところをひと言で書き込みます。谷里保育園の職員室にも置いてありますが、原さんからは「誰に渡してもいいんですよ」と言われていました。とはいえ深いお付き合いでもない人に、とりわけお店の店員さんにそんなもの渡せるわけがない、と普通は思いますよね。しかし、せっかくここまでほめ育を進めてきたのだからと覚悟を決め、手渡すことにしたのです。

けれどもいざお店に着いてみると、なかなか勇気が出ません。変な人だと思われるかな。どう説明すればいいんだろう。ぐずぐずしているうちに店員さんの勤務時間が終わってしまったらどうしよう。ええい、当たって砕けろだ！

ラブレターを渡すときのようにドキドキしながら、その店員さんがいるカウンターへ行き、「あの、いつもすごく元気な笑顔で、すてきですね。えっと、これ書いたので、読んでください」と、しどろもどろになりながら〝ほっめいし〟を渡しました。

店員さんは一瞬びっくりした様子でしたが、中身を読んでにっこり。「すごい！　こんなのもらったの初めてです。ありがとうございます。他のスタッフにも見せます！」と、とびきりの笑顔で言ってくれました。

明るく社交的になった職員たち

もちろん、私や園児たちに負けないくらい、50人の職員たちも大きく変わりました。

とても負けず嫌いのF先生。前は、ちょっと注意しただけでカチンときて、傍目にもイライラしていることが分かるようなタイプでした。その度に注意するものの、私自身も納得いく言葉掛けができず、かえって彼女のイライラをこじらせてしまい、「F先生、辞めちゃうかも……」と何度思ったか分かりません。

しかし、彼女も自分のイライラしてしまう癖が本当は良くないと分かっていました。ほめ育が始まってからはそんな自分と向き合わざるを得なくなり、「なんで素直に『ごめんなさい』『ありがとうございました』が言えないんだろう」「なんで自分は何をやってもうまくいかないんだろう」と毎日毎日悩みの連続だったようです。

そんな彼女を救うきっかけとなったのは、更衣室で着替えているときに先輩職員が掛けてくれた言葉でした。

「そうやってもがくことも大事だよ。あなたにはちゃんとした考えがあるからこそ、悩んだりいら立ったりするんだよ。だから、悩むって悪いことばかりではないんだよ」

このひと言で、今までがんじがらめになっていた心がふっと軽くなったとF先生は話してくれました。その後も先輩職員は何かと彼女を「大丈夫？」と気に掛けてくれたり、困っているときに目配りをしてくれたりしたそうです。

F先生には、今から半年ほど前に、ほめ育と谷里保育園についての紹介文を書いてもらったことがあります。社会福祉協議会保育部会から定期発行されている、『保育部会通信』の編集委員から「わたしの園の自慢」というテーマで原稿を書くよう依頼されていたので、1年間でいちばん大きく成長したF先生に、「ほめ育についてあなたが感じていることについて触れながら、谷里保育園の紹介文を書いてよ」と頼んだのです。出来上がった原稿を読んで、私は「F先生、なんて素晴らしく成長したんだろう」と、本当に感動しました。彼女が書いてくれたのは、こんな内容でした。

「私の園の自慢は、何といっても職員間の雰囲気の良さです。といっても『仲良しグループ』ということではありません。良いことはほめる。正しいことを相手に分かるように伝えるといった考え方が職員一人ひとりにあるから、メリハリのある雰囲気の良さが築けているのだと思います。保育園という職場は毎日本当にいろいろなことがあり、昨日と同じ日は一日もありません。そんな環境の中で、周りの人のおかげで自分が輝き、そして自分のひと言で周りの人を輝かせることができる。しかもその輝きは一瞬ではなく、今後も一生胸に残ります。私たち大人の輝く姿勢こそ、教育にもっとも必要なことだと谷里保育園では考えているのです」

F先生が書いているように、職員全員がみんな前よりもずっと明るく、社交的な雰囲気になったと思います。最初はたとえ無理やりでもいいから笑うと、その場の空気は変わっていくものです。以前の私は「どうしてうそで笑わなくちゃいけないの？ 私は、本当に笑いたいときに笑うわよ」と思ってしまうタイプだったのですが、一人ひとりの笑顔が園全体にプラスの空気をつくることに気付いた今では、毎日たくさん笑っていると思います。

それから、この1年で彼氏・彼女ができた職員が増えたのも、もしかしたらほめ育効果かもしれないぞ!?と私は密かに思っています。雑談中に私がわざと彼氏の話題を振ると、顔を真っ赤にして照れてしまったり、こぼれるような笑顔になったり、自分から恋愛相談をしに来てくれたり。そんな職員たちがとっても可愛らしく思えて、他愛のないやりとりも楽しい毎日です。

ほめ育はみんなの「心の柱」

２０１７年４月14日、谷里保育園は日本の保育・教育機関として初めてほめ育財団から認定をもらい、日本で初めての「ほめ育認定園」になりました。その後、徐々に他の保育園・幼稚園や小学校でも、ほめ育の導入を検討するところが増えてきて、そうした園や学校の先生がたが、谷里保育園に見学にいらっしゃることもあります。

「ほめるなんてどこの園でもやっていますよ」。そんなことを他の園の園長から言われたこともありました。確かにそれはそうかもしれません。でも私たちは、今この瞬間に子どもたちに掛ける言葉の一つひとつが、子どもたちが成人した後まで支えとなるよう意識していると、その覚悟を持って毎日の保育を行っていると、自信を持って言うことができます。

谷里保育園から巣立つ子どもたちには、長い長い人生が待ち受けています。荒波にもまれることもあるでしょう。二度と立ち上がれないと思う瞬間もあるかもしれません。

そんなとき、谷里保育園にいる間に先生や、お友達や、お母さんお父さんからもらったたくさんの言葉が、その子の「心の柱」になってくれると私は信じています。〝ほめボード〟にお友達が「鉄棒が上手にできてすごいね」と書いてくれたこと。〝きらきらシート〟で先生とお母さんが、たくさんの愛情に溢れる言葉を交わしていたこと。そんな一つひとつの小さな記憶が、くじけそうになったとき、立ち向かわなければならないとき、その子を支える「心の柱」となってくれるに違いありません。

子どもたちにとって、そして保護者や職員たちにとって、園生活を送る中で心の柱が育つ園でありたい。それを「ほめ育」を通して実現していきたい。

これまでの経験を糧として、次の1年ではどれだけパワーアップさせられるでしょうか。「ほめ育」を導入してからもうすぐ2年がたとうとしている今、私と職員たちのワクワクはまだまだ止まりません。

おわりに――これからの期待に溢れた「谷里保育園の夢」

本書が出版される、２０１８（平成30）年１月。私がほめ育に出合ってから丸２年の月日が流れました。現時点では、本園の正規職員全員がほめ育財団認定のほめ育アドバイザー資格を、５人がほめ育カウンセラー資格を、私を含め３人がほめ育トレーナー資格を取得しています。

この本では、谷里保育園がほめ育を導入してから「卒園を祝う会」を迎えるまでの、最初の1年間についてお話ししました。しかし、これで本園のほめ育が完成したわけではありません。進めていけば進めていくほど「こんなことをやってみたい」というアイデアが生まれるのがほめ育です。

例えば、0・1・2歳児クラスの〝ぐんぐんシート〟。これはほめ育を導入して1年がたった、昨年（２０１７年）の６月から始めたものです。取り組むきっかけとなったのは、３・４・５

歳児クラスの〝きらきらシート〟を見て、1歳児クラスの担任が「私たちのクラスでもやりたいです」と言ってきたことでした。けれど、幼児クラスでいい成果が出たからといって、それをそのまま1歳児に当てはめればいいわけではありません。それに、せっかく新しいことを始めるなら0歳児や2歳児のクラスにも導入したいですし、一過性のものではなく、次の年も続けていける取り組みにしたい。案を出し合い最終的に決定したのが、子どもの作品と一緒に成長エピソードを届ける〝ぐんぐんシート〟（左ページ参照）でした。

導入も「6月から」と決めていたわけではなく、現在の形に落ち着くまでに時間を掛けていたら6月になってしまった、というのが正直なところ。でも、ちょうど0歳児が園生活に慣れてから導入できたので、結果的には良かったなと思っています。来年度も、初めてほめ育に出合う0歳児クラスには、やはり6月くらいから〝ぐんぐんシート〟を導入していきたいと考えています。

これから職員みんなで実現したい夢もあります。それは、谷里保育園オリジナルの本を出

0〜2歳児クラスで導入している〝ぐんぐんシート〟。
7月は海の中、8月はひまわりなど作品のテーマを毎月変えて、
カレンダーのように飾って楽しめるように工夫している

版すること。しかも、出してみたい本は二つ。一つは「ほめ育絵本」で、もう一つは「谷里保育園の給食レシピ本」です。

「ほめ育絵本」は、ほめ育の考え方を分かりやすく絵本にしたもの。「自分からあいさつすると、周りの人も笑顔になる」「お友達のいいところを見つけられると、お友達も自分もうれしくなる」という様子を、場面ごとに絵にしてまとめるのです。

自分からあいさつをすることも、お友達のいいところを探すことも、谷里保育園の子どもたちは毎日自然とできています。けれど、あらためてその場面を客観的に見ることで、「先生にあいさつしているとき、僕の後ろでママがこんなにうれしそうにしてくれているんだ」「お友達のいいところを伝えているときの私は、この絵みたいにピカピカの笑顔なんだな」ということを実感してくれるはず。今、絵や文章の得意な職員が集まって、どんなふうに作っていくかアイデアを巡らせているところです。職員にとっても、自分たちのほめ育を深められるチャンスではないかと思っています。

「給食レシピ本」のほうは、読んで字のごとく、谷里保育園で出している給食のレシピをまとめて本にするというもの。一見、ほめ育とは何の関係も無さそうに思えますが、「毎日の場面場面を大事にする」「一つひとつの習慣がその人をつくる」というほめ育の考え方に出合ってから、子どもたちの成長の素となる食事の大切さがいっそう身に染みるようになりました。

食事によって育つのは体だけではありません。作ってくれた人の愛情、食卓の楽しい雰囲気はその子の心を育てます。ママたちは毎日忙しいけれど、レシピ本を開くことで「あなたが好きなメニューはどれ？」「僕、このおかず全部食べられたんだよ！」と親子で会話する温かい時間をつくってほしい。さらに言うなら、おいしいと大評判の谷里保育園の給食レシピを家庭で再現してくれたらもっとうれしい。

どちらの本も来年度中には、何かしら具体的に進めていきたいと思っています。

こんなふうに、私を含めた職員全員に「次はこれをやってみたい」という夢が生まれたのも、ほめ育のおかげです。

新しいことを始めるためには、頭の中で「こんなこと、できたらいいな」と思うだけではなく、実際に行動に移さなくてはなりません。ほめ育に出合う前の私たちだったら、「絵本なんて出版できるわけないよ」「うちの園からレシピ本を出すなんて、無理無理」と思ってしまっていたでしょう。でも、できない理由よりできる方法に目を向けるというほめ育の考え方が浸透した今では、職員全員が「絶対実現してみせる」というやる気に溢れています。

職員だけでなく、園児たちも同じです。YYプロジェクトを導入してからの日課であるマラソンやワークを「できない」と投げ出していた子。お絵かきや工作が苦手でぐずっていた子。みんな、自分のできることをできる範囲で努力しながら、うまくいかないことはどうすればうまくいくか工夫しながら、頑張って取り組むようになりました。

言うまでもないことですが、ほめ育はYYを導入していない園、別のプログラムを導入している園でももちろん導入することができます。ほめ育には「こうしなさい」「こうしなければならない」という決まりがありません。最終的には、自分の園に合った形のほめ育を現場の職員たちが見つけていくことになります。言い換えればほめ育は、どんな教育法とも、どんな園とも、学校とも、馴染む教育法であると言えるでしょう。

谷里保育園の子どもたちは、1年ずつ体が大きくなるように、心もまた大きく成長していきます。「幸せな子」を育てるのではなく、「自分から幸せを見つけられる子」を育てたい。自分から動いて考えて、本気で相手と向き合うことの素晴らしさを教えていきたい。「ほめ育認定園第1号」園の園長として、今、私が思うことです。

ここまで読んでいただいたかた、また、そのかたのご家族や大切なかたたちにも、少しでもほめ育の輪がつながっていきますように。そして、皆さんの毎日がさらに幸せになっていきますように。私もこの先、園児たちと、保護者と、それから職員とともに、ほめ育を心の柱として歩んでいきます。

最後までお読みいただき、ありがとうございました。

2017年12月吉日

白相奈津子

感謝シート（職員から職員へ）

絆を深める感謝シート

28年5月23日

今先生さんへ　川鍋より

1 感謝できること、助けてもらっていること

※状況をイメージ出来るよう、具体的に50文字以上で記入して下さい

今先生がリーダーの時の子どもへの声掛けにいつも「あー、こう言えばいいのか」と思うことばかりでサブの日が楽しいです。

2 凄い！真似したい！教えて欲しいこと

※状況をイメージ出来るよう、具体的に50文字以上で記入して下さい

時間をうまく作って作業をどんどん進めるためにはどうしたらいいですか？子どもたちがピリッとなって気分が上がる今先生の言い回し沢山吸収したいです！！

情報共有の場

※職場をより良くするためのアイデアや情報等があれば記入して下さい

ぞう組のことを真剣に考えてどうしたら楽しくなるのかなど色々な案を持っていて本当にすごいなと思います。

私が知らない間にクラスのことや子どもたちのことをここまで考えているのか！と驚くことばかりです。

今先生のそのスピードにおいついて「これは終ってます！」と言えるように頑張ります。

いつも本当にありがとうございます。

感謝シート（職員から職員へ）

絆を深める感謝シート

28 年 12 月 8 日

米山先生 さんへ 阿部 より

1 感謝できること、助けてもらっていること

※状況をイメージ出来るよう、具体的に50文字以上で記入して下さい

熱が出た子供を医務室で見ていた私の所に「寒いから飲んで」と温かいお茶を持って来て頂き有難うございました。暖房を付けず居ただけの事に気付かされました。気を付けていきます。

2 凄い！真似したい！教えて欲しいこと

※状況をイメージ出来るよう、具体的に50文字以上で記入して下さい

園全体を見て色々な視点から話しをくれる米山先生。クラスに来て声を掛けて頂いたり会えるとほっとした気持ちになります。私も他のクラスの子供達と関わりを持って行きます。

情報共有の場

※職場をより良くするためのアイデアや情報等があれば記入して下さい

＊新人オリエンテーション
高橋先生と明るく笑顔で☺♪
行ってきます!!
練習した後はぜひ聞いて下さい。
アドバイス沢山待っています。宜しくお願いします!!

ほめシート（職員から職員へ）

29 年 2 月 25 日

中道先生 へ　橋爪 より

ありがとう

具体的にイメージが伝わるように、50文字以上

発表会の時、突然クラスに行き「こうしたら」「ああしたらいいんじゃない」の声を聞き直そうとしたり頑張ろうとしていて、「はい。やってみます」の言葉にアドバイスをして良かったという気持ちになりました

成長したなぁ・すごいなぁ・好感が持てる

この中から一つ　50文字以上

アドバイスをした内容をもう一つ工夫していて、発表会当日は、ビックリしました。その事を伝えると、クラスで話し広がっていたこと、子供達がより輝いて見えた事と終わってからもっとこうしてあげたかったという向上心を聞き嬉しくなりました。

期待していること

・来月クリアしてほしい

目標に決めた事をやりとげることができれば子供達は今よりぐーんと成長すると思います。

・将来的に、こうなってほしい

先生の力にかかっているよ!!
ファイトー!!

ほめシート（職員から職員へ）

ここがGOOD!!
ほめシート

H29年　8月10日

毛利s へ　村本 より

ありがとう　具体的にイメージが伝わるように、50文字以上

私がクラス内で話しをしていると、そのことに耳をかたむけて、すぐに動いてくれたり、「やっておきました」と報告をしてくれて、ありがとう。去年度のクラスの動きも細かく伝えてくれるので助かっています。

成長したなぁ・すごいなぁ・好感が持てる　この中から一つ　50文字以上

以前、言葉掛けについて話をした時、嫌な顔せず相手の顔を見て、うなずいていました。又、言葉（子どもに対して）を気をつけていることも見て分かります。素直に受け入れてくれるので、言って良かったという気持ちになります。

期待していること

・来月クリアしてほしい

資料の確認！自分の役割りを忘れずに私心

・将来的に、こうなってほしい

自分から、どんどんチャレンジして下さい!!

きらきらシート（担任から園児へ）

気づかい♡

ちゃん へ

29年7月13日

朝の園庭遊びで、前の日が
雨だったこともあり、てつぼうや三輪
車がぬれていることに気づき、先生
拭いてきます！と言って拭いてくれ
たね!! 使う人のことを考え、気づいた

おうちの方から ちゃんステキです♡

すごいね!! 気付けるだけでも
スゴイのに、自分から拭きに行ったと
聞いて驚きました。

すごい☆☆

■■■くん　へ

29年7月31日

うさぎの時には水に顔をつける
のが少し苦手だった■■■くんでしたが
この前は5秒しっかり顔をつけられて
いたね☆皆の見本にもなって
とっても嬉しそうにキラキラしていました♡

おうちの方から

冬の間、パパやじいちゃんとプールやお風呂
で沢山練習したもんね。できなかったことも
いっしょうけんめいがんばるとできるように
なるね。お母さんもパパもうれしいです。

ほめシート（保護者からわが子へ）

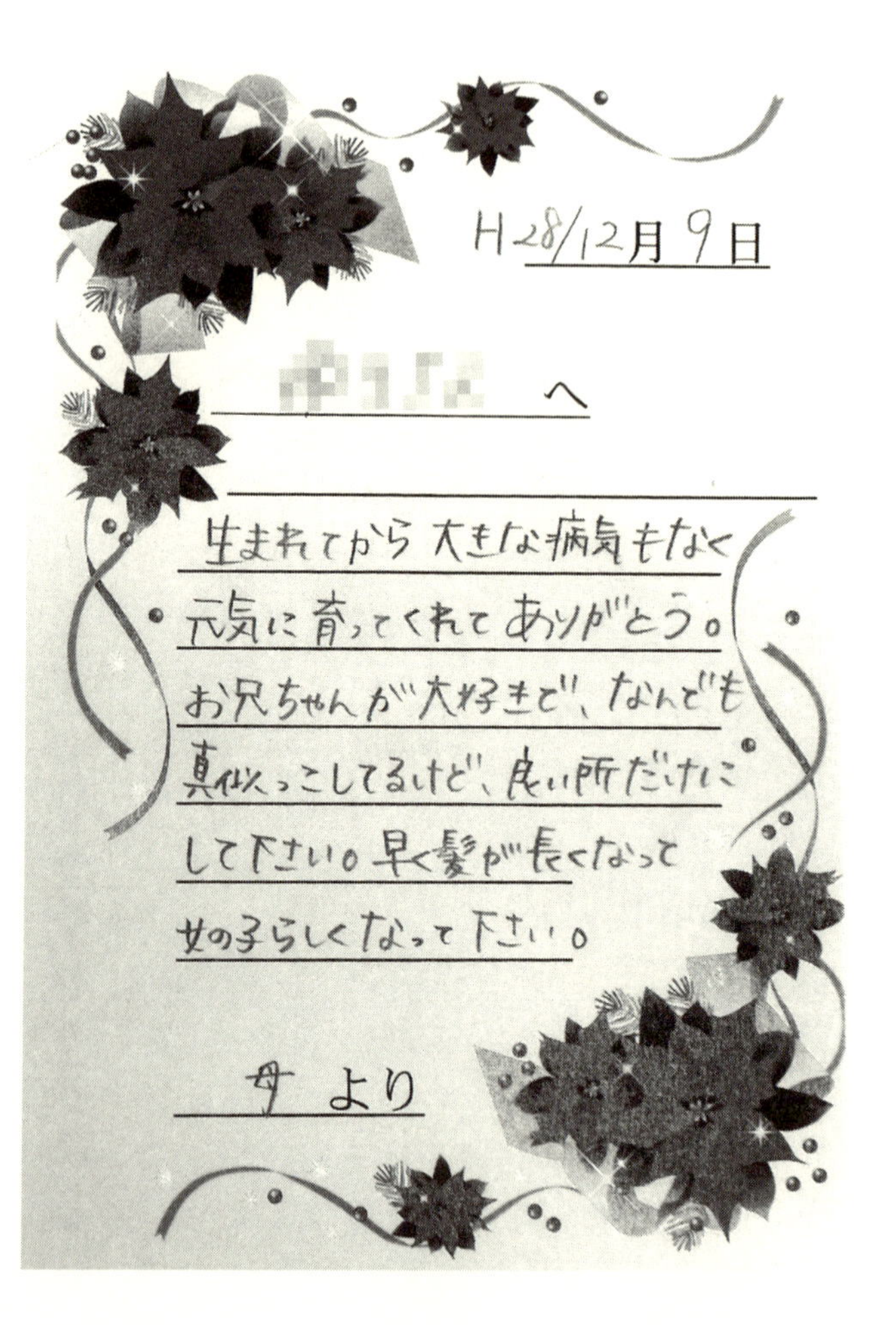
H28/12月9日

へ

生まれてから大きな病気もなく
元気に育ってくれてありがとう。
お兄ちゃんが大好きで、なんでも
真似っこしてるけど、良い所だけに
して下さい。早く髪が長くなって
女の子らしくなって下さい。

母より

ほめシート（保護者からわが子へ）

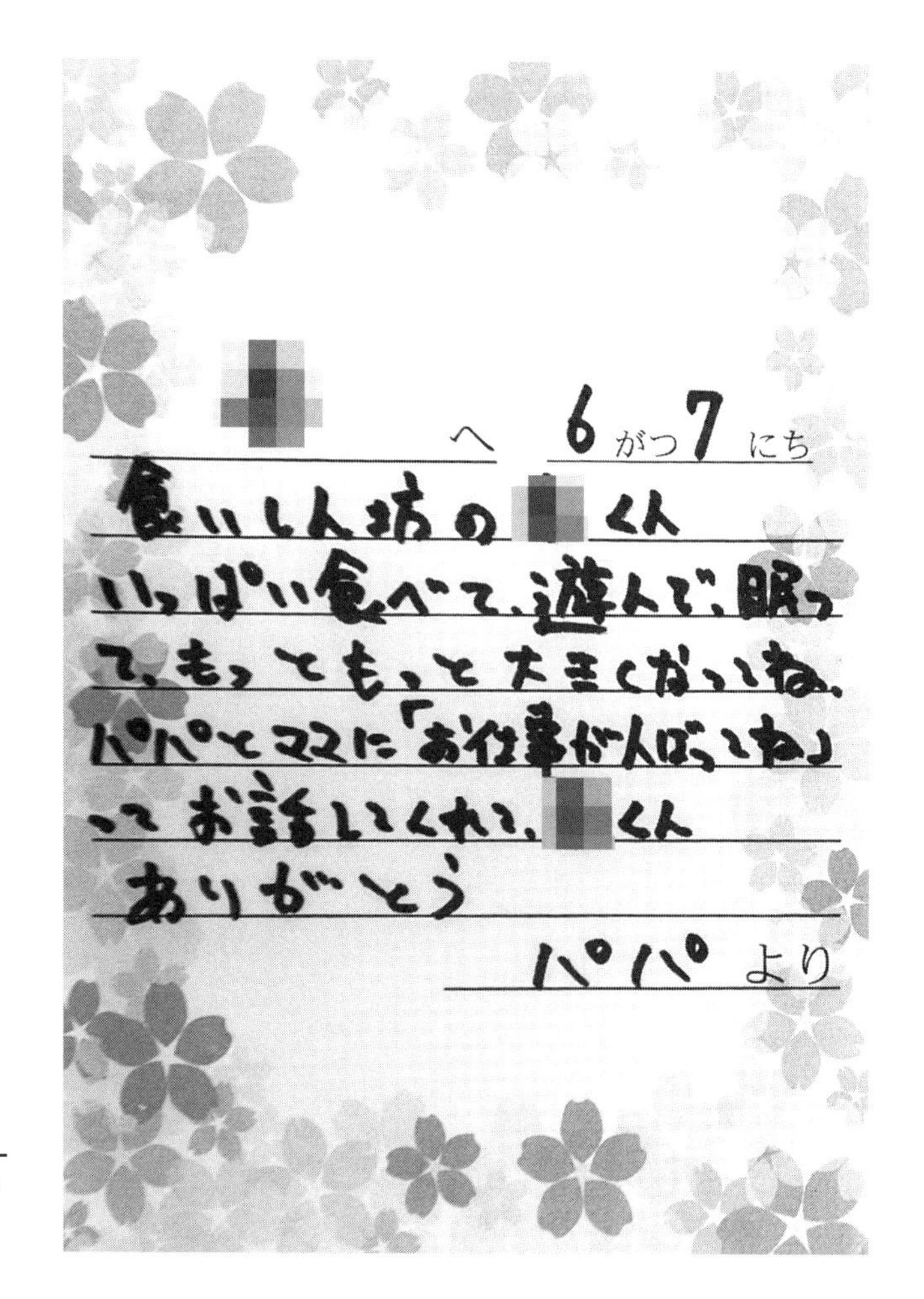
へ　6がつ7にち
食いしん坊の　くん
いっぱい食べて、遊んで、眠って、もっともっと大きくなってね。
パパとママに「お仕事がんばってね」ってお話してくれて、　くん
ありがとう
パパ　より

ほめボードのカード（担任のコメント）

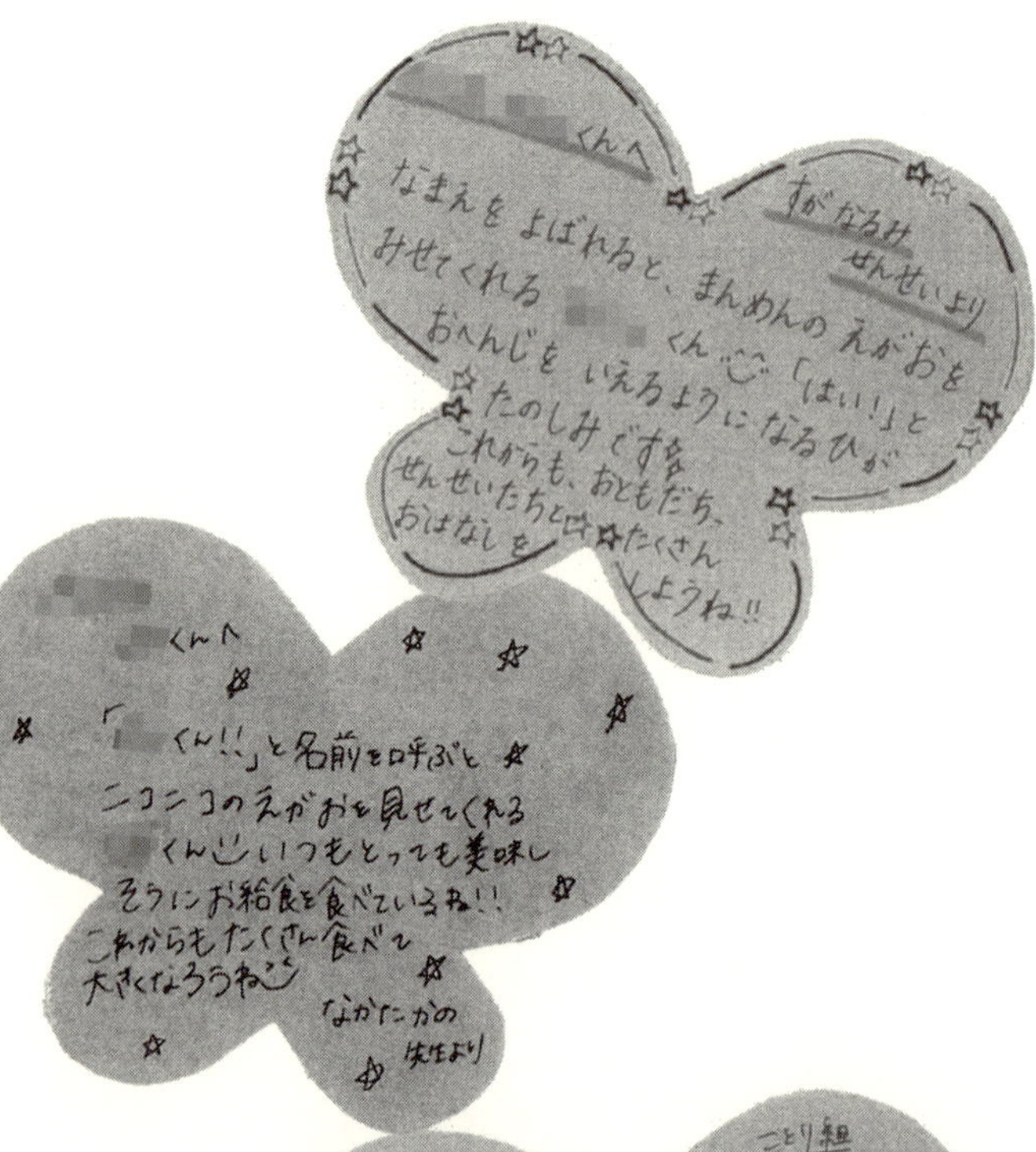

ほめボードのカード（保護者のコメント）

■■ちゃん♥
色々な事が出来る様になって来たね♥
ボール投げや一人で食べれるし
オフロ時でもニコニコできるし♪
いつもニコニコして
周りを明るくして
素敵だよ♥
パパママより♥

■■へ
お母さんより
いつもニコニコ笑顔でいてくれて
人見知りもせずにいてくれて
たくさんご飯を食べてくれて
たくさん眠ってくれて
書ききれない程たくさんの幸せをいつもありがとう

■■くん
ママとパパより
好き嫌いせず、苦手なものも「すっぱい!!」という顔をしながらものこさず食べてくれてありがとう♡
いっぱい食べて
おおきくなろうね。

職員の志（ドリームボード）

職員の志（ドリームボード）

■著者プロフィール

白相奈津子（しらそう・なつこ）

社会福祉法人立野みどり福祉会・谷里（やつり）保育園（東京都東大和市）理事・園長。1966年、東京都生まれ。埼玉県の私立保育園に新卒保育士として5年勤務したあと、1992年から谷里保育園の保育士に。子育て中のパート勤務を経て正保育士に復職、2005年4月に同園園長、2013年1月に同園理事に就任、現在に至る。ISD個性心理学協会認定インストラクター、子育てカウンセラー協会認定インストラクター、ほめ育財団認定ほめ育アドバイザー・ほめ育カウンセラー・ほめ育トレーナー資格保持。2017年4月、同園はほめ育財団の「ほめ育認定園」第1号となった。

谷里保育園HP：http://yatsuri.com
一般財団法人ほめ育財団HP：https://ho-make.com/

装丁・本文デザイン／中野好雄
編集／西東桂子・松村小悠夏

たった1年で園がハッピーになる！

奇跡の「ほめ育」改革

2018年1月15日　第1刷発行

著　者　白相奈津子
発行所　有限会社中野商店（www.nakano.bz）
〒167-0051　東京都杉並区荻窪1-19-13
TEL 03-3220-3031　FAX 03-3220-3041
振　替　00170-3-429628
印刷・製本　モリモト印刷

ISBN978-4-9905272-9-7　C0237